LA SALUD QUE NOS DA DIOS

Sanidad divina por el poder del Espíritu Santo

Jack W. Hayford
con
Nathaniel Van Cleave

©1995 EDITORIAL CARIBE, INC.
9200 South Dadeland Blvd., Suite 209
Miami, FL 33156, EE.UU.

Título en inglés: *God's Way to Wholeness:
Divine Healing by the Power of the Holy Spirit*
©1993 por *Jack Hayford*
Publicado por *Thomas Nelson, Inc.*

Traductor: *Juan Sánchez Araujo*

ISBN: 0-89922-515-2

Reservados todos los derechos.
Prohibida la reproducción total
o parcial de esta obra sin
la debida autorización
de los editores.

Impreso en EE.UU.
Printed in the U.S.A.

CONTENIDO

Acerca del Editor General / Acerca del autor 4

Llaves que siempre liberan 5

Lección 1: La sanidad y los pactos de Dios (Éx 15.26; Stg 5.13-18) 10

Lección 2: La sanidad y la cruz (Nm 21.5-9) 23

Lección 3: Sanidad y arrepentimiento (Nm 12.1-6; Sal 107.20) 33

Lección 4: La sanidad y la oración de fe (Mc 5.24-34) 44

Lección 5: La sanidad y la obediencia (2 R 5.1-15) 55

Lección 6: La sanidad divina y la cruz (Is 53.4,5; Mt 8.16,17) 65

Lección 7: La sanidad divina y la voluntad de Dios (Mc 1.20-25) 77

Lección 8: La sanidad y el don espiritual (1 Co 12.9,28,30) . 89

Lección 9: Todo en el nombre de Jesús (Lc 17.12-19) . . . 102

Lección 10: La sanidad en el ministerio de Jesús (Stg 5.16; Lc 11.4) 113

Lección 11: Sanidades en el libro de Hechos (Hch 3.3-9) . . 124

Lección 12: Un clima óptimo para la sanidad (Lc 8.38,39) . 139

Lección 13: La sanidad divina: Respuestas para los que dudan (Sal 103.3) 150

Notas 161

La salud que nos da Dios: Sanidad divina por el poder del Espíritu Santo, forma parte de una serie de guías de estudio que se caracterizan por cubrir de manera atractiva y esclarecedora un libro de la Biblia y los temas que se refieren al poder, estimulando una vida dinámica y llena del Espíritu Santo.

Acerca del Editor General

JACK W. HAYFORD, destacado pastor, maestro, escritor y compositor, es el Editor General de toda la serie, trabajando junto a la editorial en la planificación y desarrollo de cada uno de los libros.

El Dr. Hayford es pastor principal de *The Church On The Way*, la Primera Iglesia Cuadrangular de Van Nuys, California. Él y su esposa, Anna, tienen cuatro hijos casados, activos en el ministerio pastoral o en una vital vida de iglesia. Como Editor General de la *Biblia Plenitud*, el pastor Hayford dirigió un proyecto de cuatro años que ha dado como resultado la disponibilidad de una de las Biblias más prácticas y populares en la actualidad. Es autor de más de veinte libros, entre ellos: *Anhelo de plenitud, La belleza del lenguaje espiritual, La clave de toda bendición, La oración invade lo imposible*. Sus composiciones musicales abarcan más de cuatrocientas canciones, entre las que se incluye el muy difundido himno «Majestad».

Acerca del autor

NATHANIEL VAN CLEAVE continúa, a los ochenta y cinco años, un ministerio público efectivo y fructífero que data de más de sesenta años. Él y su esposa, Lois, viven en el sur de California, donde el Dr. Van Cleave aún dirige un ministerio de predicación y enseñanza que lo lleva como invitado a docenas de púlpitos y como conferenciante asiduo en *LIFE Bible College* [Colegio Bíblico VIDA] y *Calvary Chapel Bible College* [Colegio Bíblico de la Capilla Calvario]. Posee un título de filosofía debido a sus estudios en *LIFE Bible College* [Colegio Bíblico VIDA], *Los Angeles Baptist Theological Seminary* [Seminario Teológico Bautista de Los Ángeles] y *University of California* [Universidad de California].

LLAVES QUE SIEMPRE LIBERAN

¿Hay acaso algo que encierre más misterio o mayor utilidad que una llave? El misterio: «¿A qué corresponde? ¿Qué es lo que puede poner en marcha? ¿Qué logrará abrir? ¿Qué nuevo descubrimiento motivará?» La utilidad: «¡Algo *ha* de abrir, sin lugar a dudas, a quien la posea! ¡Algo *descifrará*, con toda seguridad, y dará lugar a una posibilidad que de otro modo sería nula!»

Las llaves:

- Describen los instrumentos que usamos para acceder a algo o para hacerlo funcionar.
- Definen los conceptos que desencadenan posibilidades que asombran la mente.
- Describen las diferentes estructuras de las notas musicales que posibilitan la variación y las escalas.

Jesús habló de llaves: «Y a ti te daré las llaves del reino de los cielos; y todo lo que atares en la tierra será atado en los cielos; y todo lo que desatares en la tierra será desatado en los cielos» (Mt 16.19).

Aunque no hay una lista específica de cuáles eran exactamente las llaves a las que Jesús se refería, está claro que confirió a su Iglesia —a *todos* los que creen— el acceso a una esfera de compañerismo espiritual con Él en el dominio de su Reino. Los estudiosos fieles de la Palabra de Dios, que se mueven en la gracia práctica y la sabiduría bíblica de una vida y un ministerio llenos del Espíritu Santo, han observado algunos de los temas básicos que apuntalan esta clase de «compañerismo espiritual» que Cristo ofrece. Las «llaves» son *conceptos*, temas bíblicos, que pueden rastrearse a lo largo de las Escrituras y que son verificables cuando se aplican con una fe bien fundamentada bajo el señorío de Jesucristo.

El «compañerismo» es el rasgo *esencial* de esta descarga de gracia divina; (1) los creyentes buscan *recibir* la promesa de Cristo en cuanto a «las llaves del reino», (2) a la vez eligen *creer* en la disposición del Espíritu Santo de poner en acción su liberador e ilimitado poder en nuestros días.

Acompañadas por la serie *Guías de estudio para una vida llena del Espíritu*, las Dinámicas del Reino ofrecen doce temas diferentes. Estos, como producto de la sección del mismo nombre que se incluye en la *Biblia Plenitud*, proporcionan un tesoro de percepciones desarrolladas por algunos de los más respetados líderes cristianos de hoy. Desde el inicio, estos escritores han analizado con profundidad los temas que usted podrá seguir aquí.

El objetivo central de la temática estudiada en esta serie de guías es relacionar las «claves de poder» de la vida llena del Espíritu Santo. Para ayudarlo en sus descubrimientos habrá un número de elementos auxiliares. Las guías de estudio tienen de doce a catorce lecciones, cada una de las cuales ha sido preparada de modo que pueda sondear las profundidades o rozar la superficie, según sus necesidades e intereses. Además contienen aspectos principales en cada lección, destacados por un símbolo y un encabezamiento para su fácil identificación.

 RIQUEZA LITERARIA

Esta sección contiene importantes definiciones de palabras clave.

 ENTRE BASTIDORES

Provee información acerca de las creencias y las prácticas culturales, las disputas doctrinales, las actividades comerciales y aspectos semejantes que aclaran los pasajes bíblicos y sus enseñanzas.

DE UN VISTAZO

En esta sección se incluyen mapas y gráficos para identificar los lugares, además de simplificar los temas o las posiciones.

 ## INFORMACIÓN ADICIONAL

Como esta guía enfoca un tema de la Biblia, esta sección lo orientará hacia la consulta de recursos bíblicos como: diccionarios, enciclopedias y otros, que le permitirán obtener más provecho de la riqueza que el mismo ofrece, si así lo desea.

 ## SONDEO A PROFUNDIDAD

Esta parte explicará asuntos controversiales que plantean determinadas lecciones; se citarán pasajes bíblicos y otras fuentes que le ayudarán a llegar a sus propias conclusiones.

 ## FE VIVA

Por último, cada lección contiene esta sección. Aquí la pregunta clave es: ¿Y ahora qué? Una vez que he visto lo que dice la Biblia, ¿qué significa esto para mi vida? ¿Cómo puede influir en mis necesidades cotidianas, mis heridas, mis relaciones personales, mis preocupaciones y todo aquello que es importante para mí? FE VIVA lo ayudará a percibir y aplicar las derivaciones prácticas de este regalo literario que Dios nos ha dado.

Como podrá observar, estas guías incluyen espacio para que conteste las preguntas, haga los ejercicios correspondientes al estudio y ponga en práctica lo aprendido. Quizás desee anotar todas sus respuestas o el resultado de lo que ha obtenido mediante su estudio y aplicación en un cuaderno separado o en un diario personal. Esto será adecuado sobre todo si piensa aprovechar a fondo la sección INFORMACIÓN ADICIONAL. Como los ejercicios de esta sección son opcionales y pueden extenderse sin límite, no hemos incluido espacio para ellos en esta guía de estudio. De manera que quizás quiera tener un cuaderno o un diario a mano, para registrar los descubrimientos que realice al abordar las riquezas de esta sección.

El método de estudio bíblico que se utiliza en esta serie gira en torno a cuatro pasos básicos: observación, interpretación, correlación y aplicación. La observación responde a la pregunta: ¿Qué es lo que dice el texto? La interpretación se ocupa de lo que significa el mismo; no lo que creamos usted o yo, sino lo que significaba para sus lectores originales. La etapa de correlación responde a la pregunta: ¿Qué luz arrojan otros pasajes de la Biblia sobre el que estoy estudiando? Y la aplicación, que es la meta del estudio bíblico, plantea lo siguiente: ¿En qué aspectos debiera cambiar mi vida, como respuesta a lo que el Espíritu Santo me enseña a través de este pasaje?

Si está familiarizado con la lectura de la Biblia, sabe que puede disponer de ella en una variedad de traducciones y paráfrasis. Si bien cualquiera de ellas puede ser usada con provecho para trabajar con las guías de estudio de esta serie, los versículos y palabras que se citan en las lecciones han sido tomados de la traducción de Reina Valera, revisión de 1960. El uso de dicha traducción en esta serie hará más fácil su estudio, aunque no es un requisito.

Los únicos recursos que necesita para completar y aplicar estas guías de estudio son un corazón y una mente abiertos al Espíritu Santo y una actitud de oración, además de una Biblia y un lápiz. Por supuesto, puede recurrir a otras fuentes, tales como comentarios, diccionarios, enciclopedias, atlas y concordancias; incluso encontrará en la guía ejercicios opcionales para orientarlo en el uso de dichas herramientas. Pero son opcionales, no indispensables. Estas guías de estudio son tan amplias que le brindan todo lo que necesita a fin de obtener una excelente comprensión del libro de la Biblia que trata, como también la orientación necesaria para aplicar los temas y consejos a su propia vida.

Cabe, sin embargo, una palabra de advertencia. El estudio de la Biblia, por sí mismo, no transformará su vida. No le dará poder, paz, gozo, consuelo, esperanza, ni la variedad de regalos que Dios desea que usted abra y disfrute. Pero a través de él adquirirá mayor conocimiento y comprensión del Señor, de su Reino y de su posición en el mismo, todo lo cual es esencial. Pero usted necesita algo más. Requiere depender del Espíritu Santo para que oriente su estudio y aplique las verdades bíblicas a su vida. Jesús prometió que el Espíritu Santo nos enseñaría «todas las cosas» (Jn 14.26; cf. 1 Co 2.13). De modo que mientras use esta serie para guiarlo a través de las Escrituras, riegue sus momentos de estudio con oración, pidiendo al Espíritu de Dios que ilumine el texto, que aclare su mente, que someta su voluntad, que consuele su corazón. El Señor nunca le va a fallar.

Mi oración y mi meta es que, a medida que abra este regalo de Dios, a fin de explorar su Palabra para vivir como Él desea, el Espíritu Santo llene cada fibra de su ser con el gozo y el poder que Dios anhela dar a todos sus hijos. Adelante. Sea diligente. Manténgase receptivo y sumiso a Dios. No saldrá defraudado. ¡Él se lo promete!

Lección 1 / La sanidad y los pactos de Dios

Hace algún tiempo, en una reunión de oración de una iglesia local, uno de los cristianos recién convertidos oró de la manera siguiente: «¡Dios mío! Por favor, has algo; por favor, has algo!» El pastor no interrumpió la oración, pero después de la reunión le aconsejó al joven lo siguiente: «Hijo, no es necesario que te dirijas a Dios de manera tan indefinida. Él es Dios que hace y mantiene el pacto. Puedes pedir y recibir del Señor cualquiera de sus bendiciones y beneficios preciosos revelados en su Santa Palabra. La Biblia contiene cientos de tales promesas».

El diccionario define la palabra pacto de la siguiente manera: «Acción y efecto de pactar. Convenio, acuerdo firme entre dos o varias partes». O sea, un contrato formal, solemne y obligatorio especialmente para cumplir alguna acción o transferir bienes, por lo general modificado bajo ciertas condiciones. La Biblia es en realidad un pacto que revela lo que Dios va a hacer por su pueblo y bajo qué condiciones. Muchos estudiosos prefieren los términos antiguo y nuevo pactos en vez de Antiguo y Nuevo Testamentos. Por cierto, el antiguo pacto contiene varios pactos menores, algunos son condicionales y otros incondicionales. En Éxodo 15.26 Dios formaliza un pacto de sanidad con su pueblo:

> Si oyeres atentamente la voz de Jehová tu Dios, e hicieres lo recto delante de sus ojos, y dieres oído a sus mandamientos, y guardares todos sus estatutos, ninguna enfermedad de las que envié a los egipcios te enviaré a ti; porque yo *soy* Jehová tu sanador. (Léase el contexto, vv. 22-27.)

En este pasaje, denominado el pacto de sanidad divina del Antiguo Testamento, Dios no sólo se compromete a sanar, también revela uno de sus nombres «Jehová-rapha». El Señor realmente dijo:

«Yo soy Jehová tu sanador; este es mi NOMBRE». En el Antiguo Testamento (Pacto) encontramos al menos nueve nombres de Jehová y cada uno revela una faceta específica de la naturaleza de Dios. Otros nombres compuestos que revelan la naturaleza y la relación de compromiso de Dios son: *Jehová-jireh*, «Jehová proveerá»; *Jehová-sidkenu*, «Jehová, nuestra justicia»; *Jehová-rá-ah*, «Jehová, nuestro pastor»; *Jehová-Shalom*, «Jehová de paz o prosperidad»; y *Jehová-sabaoth*, «Jehová de los ejércitos». No obstante la naturaleza de nuestro Dios, revelada en la expresión de uno de sus nombres, nunca deja de relacionarse con su pueblo. A partir de este pacto revelado en Éxodo 15 sabemos que el Señor nunca dejará de sanar a su pueblo. Nosotros, por otra parte, debemos entender que esta promesa es condicional. Para recibir la sanidad, debemos ser obedientes a sus deseos.

Tal vez ayudaría examinar las condiciones necesarias para la sanidad; según el pacto de sanidad del Antiguo Testamento, son cuatro:

1. Oír la voz del Señor.
2. Hacer lo recto (comportamiento recto) delante de sus ojos.
3. Dar oído a los mandamientos de Dios.
4. Guardar todos sus estatutos.

Describa con sus palabras lo que indica cada una de esas condiciones y cómo las aplica hoy en día en su vida.

1.

2.

3.

4.

Las últimas dos condiciones convergen en una: «Oír y guardar todos los mandamientos o estatutos de Dios». Los *mandamientos* y *estatutos* son sinónimos, como puede verse en Salmo 119.105-112, este es un Salmo que se refiere a conocer y vivir de acuerdo a la Palabra de Dios. En estos versículos los términos: *palabra, juicios, ley, mandamientos* y *estatutos* son sinónimos, ya que se refieren a la voluntad revelada de Dios, mediante la cual Su pueblo ordena la vida. Está claro que el salmista oraba por sanidad física y espiritual (véase el v. 107). Al buscar a Dios, juró andar en conformidad con Su Palabra y guardar Sus mandamientos, tal como requería el pacto de sanidad del Antiguo Testamento.

Para los creyentes del Nuevo Testamento satisfacer las condiciones para el pacto de sanidad significa vivir conforme a la Palabra de Dios. Si deseamos tener una fe fuerte para la sanidad divina, debemos atesorar la Palabra de Dios en nuestros corazones y andar de acuerdo a su dirección con la ayuda del Espíritu Santo.

 RIQUEZA LITERARIA

Sanador, *rapha'.* Curar, sanar, reparar, enmendar, restaurar la salud. Su participio *rophe',* «aquel que sana», es la palabra hebrea para doctor. El verbo *rapha'* denota principalmente sanidad física. Algunos han tratado de explicar la enseñanza bíblica en cuanto a la sanidad divina, pero todos pueden ver que este versículo habla sobre enfermedades físicas y su cura divina. La primera mención de *rapha'* en la Biblia (Gn 20.17) se refiere incuestionablemente a la cura de una condición física, así como sucede con las referencias a la lepra y otras enfermedades de la piel (Lv 13.18; 14.3). La Escritura afirma: «Yo soy Jehová tu sanador».[1]

¿Quién oró a Dios por la sanidad de otro en Génesis 20.17?

¿Cuál fue el resultado de esa oración?

¿Para qué ora el escritor (David) en el Salmo 6? ¿Cuál fue el resultado?

¿Cómo responde Dios a la oración del salmista en el Salmo 30? (v. 3)

 ENTRE BASTIDORES

El pacto de sanidad de Éxodo 15.26 se relaciona con hechos históricos donde Dios enseñó lecciones espirituales importantes. Después de cruzar el Mar Rojo en la huida de Egipto y de regocijarse por su liberación de Faraón, los hijos de Israel llegaron al desierto seco. Durante tres días viajaron sin encontrar agua. Finalmente llegaron a un oasis llamado Mara. Había agua allí, pero era tan amarga que no la podían tomar. El pueblo se empezó a quejar de Moisés y de Dios. Cuando Moisés el intercesor clamó, Dios le mostró un árbol cuyas ramas traían sanidad, pues al echarlas al agua, la endulzaba. Dios reveló el remedio que sanó la amargura.

Las aguas de Mara tipifican las experiencias amargas de la vida, de las cuales algunas son enfermedades. A veces la enfermedad puede ser una prueba que Dios usa para enseñarnos una lección de fe y paciencia. Cuando clamamos, Dios nos da las ramas de sanidad que transforman esa agua amarga en dulce.

El Señor no sólo sanó las aguas amargas, sino que los llevó a Elim, donde había doce fuentes de agua y setenta palmeras para acampar. Dios guió a su pueblo del Mar Rojo a Mara para llegar a Elim. Dios ordena las cosas de tal manera que todo ayuda a bien. Si su Mara es una enfermedad, puede ser que *Jehová-rapha* le tenga preparado un Elim.

¿Cuál fue el pecado del pueblo cuando se quejó de Moisés? (Ro 14.23)

¿Qué debería haber hecho el pueblo en vez de murmurar?

¿Se le ocurre algún ejemplo contemporáneo de amargura o queja, y cómo puede ello limitar el fluir de la gracia sanadora de Dios?

Otro pacto de Dios, llamado el pacto de sanidad del Nuevo Testamento, se encuentra en Santiago 5.13-16. (Lea este pasaje.) El autor humano del libro de Santiago, donde encontramos el pacto de sanidad del Nuevo Testamento, era Santiago, el hermano del Señor Jesús. Luego del martirio de Jacobo el hermano de Juan, Santiago el hermano de Jesús se convirtió en el líder de la iglesia apostólica (Hch 15; Mc 6.3). Siendo hermano del Señor y apóstol principal, sin duda entendió el plan del Señor para el pueblo cristiano. No es razonable pensar que Santiago, escribiendo bajo la inspiración del Espíritu Santo, hubiera prescrito oraciones de los «ancianos» como remedio para los enfermos y afligidos en la iglesia, si la sanidad divina era algo que estaba a punto de que la abandonara junto a todo lo milagroso, como lo afirman algunos maestros.

Santiago no dice que la oración de los ancianos es el único remedio a la enfermedad. Por cierto, cualquier sanidad verdadera proviene directa o indirectamente de Dios. Ninguna medicina curaría la enfermedad si Dios no hubiera creado al hombre con mecanismos internos de sanidad. Lo que Santiago dice es que la oración debe ser el primer recurso del cristiano cuando está enfermo. Los descubrimientos y la aplicación de las sustancias terapéuticas naturales, como los antibióticos, estaban sin duda en la mente de Dios en la creación. A los creyentes no se les priva nunca de las habilidades quirúrgicas precisas. Sin embargo, para los creyentes, orar por la potencia sanadora de Dios a través del bendito Espíritu Santo es el primer paso hacia la plenitud. No existe ningún médico escrupuloso que no agradecería la oración de sanidad que acompaña a sus medicinas y procedimientos.

¿Qué beneficio hay para el cristiano que recibe sanidad como resultado directo de la oración?

¿Cuál es el beneficio para la iglesia local cuando miembros enfermos se sanan como respuesta a la oración de fe de los ancianos?

¿Existe una bendición especial para la iglesia cuando un miembro tiene una recuperación notable de una enfermedad o cirugía cuando la oración unida precedió el procedimiento quirúrgico o médico?

Veamos varios aspectos del pacto de sanidad que enuncia Santiago.

1. Cuando viene la enfermedad, debe orar. «¿Está alguno de vosotros afligido? Haga <u>oración</u>». Pablo escribió a los Tesalonicenses: «Estad siempre gozosos. Orad sin cesar. Dad gracias en todo, porque esta es la voluntad de Dios para con vosotros en Cristo Jesús» (1 Ts 5.16-18). Si hemos desarrollado el hábito de la oración regular y sistemática, será esta una reacción natural a todo lo que pasa. Alguno quizás le pregunte: «¿Qué pasa si de pronto se encuentra ante una situación de emergencia? ¿No debería llamar primero al hospital?» Tal vez, pero uno puede orar camino al teléfono. Jesús nos dice que no nos oye por mucho hablar; si otro hace el llamado, usted debería orar por todo el camino hasta la sala de emergencia.

2. Luego, Santiago se dirige a los que no están enfermos: «¿Está alguno alegre? Cante alabanzas». ¿Cómo debemos entender esta amonestación que se inserta en medio de enseñanza sobre la sanidad de los enfermos? Al menos existen dos interpretaciones a esta palabra.

Primero, si la gente fuera alegre de espíritu, con un salmo en el corazón, es cierto que tendrían mucha mejor salud y se enfermarían mucho menos. Los consejeros concuerdan en que un enfoque positivo ayuda a la buena salud y que una mentalidad negativa, de donde proviene el temor, la preocupación, la ira, la sospecha y la contienda, provoca muchas enfermedades.

También podemos decir que cuando los miembros saludables cantan himnos de gozo asisten al fortalecimiento de la fe de los débiles, aportándoles un enfoque positivo. Los enfermos son propensos al desánimo. La canción de alabanza gozosa puede elevar el espíritu. Existe algo especial en el concepto de la sicología colectiva. Sin embargo, los cantores alegres quizás sean aquellos que Dios ya les sanó las aflicciones. Sus cánticos de gozo pueden ayudar a los enfermos a creer más firmemente en el poder sanador del Espíritu Santo.

Describa una experiencia donde sintió que su fe aumentó al estar en medio de un grupo de personas alegres y que cantaban.

¿Puede recordar haber estado alguna vez en un estado de depresión debido a que lo rodeaban personas sin gozo?

3. Llame a los ancianos de la iglesia. Algunos enfermos parece que creen que el versículo les indica que deben «desear a los ancianos de la iglesia». No le cuentan a nadie su situación; y cuando nadie los llama o los visita, se sienten despreciados y a veces critican al pastor y a la iglesia por ignorarlos. El pacto de Santiago 5 pone la responsabilidad de llamar a los ancianos en manos de los enfermos, o alguien debe hacerlo por ellos. Por otro lado, no dice que el enfermo debe andar buscando a los ancianos. En griego la palabra «llamar» significa «convocar» [a los ancianos]. Los ancianos que Santiago tenía en mente visitaban los hogares. Sin embargo, si el enfermo puede asistir a la reunión de la iglesia, se entiende que debería pedir oración durante el transcurso o al final de la reunión. Se entiende que cada iglesia debería tener personas dispuestas para la visitación que poseen un don del Espíritu o que tienen una fe en la que los enfermos depositan su confianza para la oración de sanidad. La equivalencia moderna para «ancianos» podría ser «pastores», «asistentes de pastor», «líderes laicos», «diáconos», «comité

de visitación», etc; como quiera que se les llame, estos deberían ser capaces de ejercer la oración de fe.

 RIQUEZA LITERARIA

Anciano, *presbuteros.* «Un hombre mayor, anciano, uno de edad más avanzada, o con experiencia para dirigir». Anciano se le llamaba al líder de la sinagoga judía. La iglesia utilizó el mismo nombre (Lc 7.3). Pedro se autodenominó anciano (1 P 5.1). Pablo convocó a los ancianos de la iglesia en Éfeso para darles una instrucción final (Hch 20.17) y en el versículo 28 se refirió a ellos como sobreveedores, que era la función de los ancianos que pastoreaban la grey. En Tito 1.5-7, Pablo exhorta a Tito a nombrar ancianos en cada iglesia en Creta; luego en el versículo 7, los llama *obispos,* o aquellos que debían ser sobreveedores de la iglesia. Un anciano, entonces, era uno que tenía el cargo de *sobrevedor/obispo* sobre los asuntos de la iglesia. Pablo, en 1 Timoteo 5.17, le exige a Timoteo dar honor a los ancianos, en especial a los que ministraban la Palabra. Al parecer había ancianos que enseñaban y otros que gobernaban. Por lo general había varios ancianos en las iglesias normales y muchos en las grandes. Como la iglesia en los tiempos bíblicos, bajo el Imperio Romano, no podía construir templos, generalmente se reunían en las casas de los miembros (Ro 16.5) con un anciano presidiendo cada grupo en los hogares; cuando todo el cuerpo de Cristo se reunía, habían muchos ancianos.

La relación entre los dones espirituales y el ministerio de sanidad del «anciano» merece consideración. El libro de Santiago, en donde encontramos el pacto de sanidad del Nuevo Testamento, no menciona los dones espirituales declarados en 1 Corintios 12. Al menos tres de los dones espirituales que se mencionan en 1 Corintios 12 tienen que ver con la sanidad divina. El primero se llama «dones de sanidades». Debido a que dones y sanidades están en plural sugiere que son para toda la iglesia y no para un individuo en especial. La pluralidad del término «dones» podría indicar que cada caso de sanidad es un don que Dios otorga a través de una iglesia espiritual. La Biblia no menciona un «don para sanar» y prácticamente nadie dice tener para sí tal don.

Otro *carisma* es el don de la «fe». Ya que toda fe proviene de Dios, este don se denomina «el don de fe especial». Al parecer lo vemos en acción en Hechos 3.2-9 y en Hechos 14.8-15 donde Pedro y Pablo oraron y liberaron a cojos de nacimiento. En ambos casos, los apóstoles mandaron a los hombres a levantarse y andar.

Pablo en 1 Corintios 12.1 define el don de «hacer milagros». Aquí vemos otra vez la forma plural, lo cual sugiere que este don pertenecía a la iglesia más que al individuo. Algunos sienten que este don no se relacionaba tanto con las sanidades como con otros tipos de milagros, como la resurrección de Dorcas de entre los muertos (Hch 9.39-42).

A veces el don de la «palabra de ciencia» se dice que describe la capacidad para revelar cuando ciertas personas sufren algún tipo de enfermedad; no existen ejemplos bíblicos claros acerca de esta operación y muchos estudiosos creen que el propósito de este don es para el ministerio del maestro.

Repase rápidamente el libro de Hechos. ¿Cuántos milagros de sanidad puede encontrar en ese libro? ¿Puede señalar alguna sanidad en Hechos que nos sirva de ejemplo de cuándo hay que llamar a los ancianos de la iglesia? (¿Quizás Hechos 9.36-43 sea tal caso?)

4. La tradición de la iglesia católica ha denominado el sacramento de la «extrema unción» al pasaje que encontramos en Santiago 5.13-15, poniéndolo como fundamento de la unción del que se encuentra a punto de morir. Los pentecostales y carismáticos pueden ver en este pasaje una justificación para un sacramento de la sanidad divina, aunque la muerte estaba lejos de la mente de Santiago, pues él dice que al enfermo «el Señor lo levantará».

¿Puede encontrar en Santiago 5.13-18 tres resultados claramente positivos de la oración?

1.

2.

3.

5. ¿Cuál es el significado y el propósito de ungir con aceite? Hay algunos maestros de la Biblia que creen que el aceite es medicina y defienden la postura de que en los tiempos bíblicos se utilizaba como remedio médico. El hecho de que la palabra se utilizó en una unción simbólica se ve con claridad en Marcos 6.12,13. Como quiera que hayan utilizado el aceite de oliva en esos tiempos, Santiago dice que «la oración de fe salvará al enfermo», no el aceite de oliva. Además, si creemos que las Escrituras son inspiradas por el Espíritu Santo, no podemos creer que el Señor recomendaría un masaje con aceite para remediar cualquier tipo de enfermedad.

El aceite se utilizaba como símbolo de la obra del Espíritu Santo. Su aplicación declaraba que la sanidad era el resultado de la obra del Espíritu de Dios, no del poder y santidad de los ancianos que oraban (Hch 3.11-16). Santiago, hablando bajo la inspiración del Espíritu Santo, declaró sobre los resultados de la oración y la unción: «el Señor lo levantará». Jesús untó lodo en los ojos de un ciego y le mandó a que se lavara en el estanque de Siloé; el ciego obedeció y recibió la vista (Jn 9.6-12). Nadie va a suponer que el lodo era un remedio médico para la ceguera. Era como el aceite utilizado en Santiago 5, un símbolo y un acto de obediencia. No decimos que ande mal el cristiano que utiliza medicinas aprobadas, pero en el caso del pacto de sanidad, no se pretendió darle una característica medicinal al aceite.

SONDEO A PROFUNDIDAD

«Y el Señor lo levantará» aclara la verdadera fuente de la restauración. Santiago, por lo tanto, descarta la idea de que el aceite posee alguna cualidad mágica. «El Señor» se entiende que denota al Señor Jesucristo, aquel en cuyo nombre se ungía. El Señor está por encima de la vida de su pueblo, Él sana de acuerdo a su voluntad. «Lo levantará» repite «salvará al enfermo», utilizado con anterioridad en el versículo, lo cual significa que la persona se levantará de la cama.[2]

¿Puede sugerir las razones que puede tener el Espíritu Santo para ungir con aceite y orar por los enfermos?

6. En el pasaje de Santiago 5 se mencionan varias vías de sanidad divina.

a) El enfermo puede orar por sí mismo (v. 13). Muchas sanidades son el resultado de la oración de los enfermos por sí mismos. Puede darse el caso de que uno esté en un lugar donde no hayan ancianos disponibles u otras personas que ayuden en la oración.

b) En el versículo 16 se manda a los creyentes a orar unos por otros para ser sanados. Esto se denomina oración intercesora y es una expresión elevada de súplica. Muchas personas han testificado la sanidad como resultado de olvidarse de uno mismo y comenzar a interceder por otro.

Jesús enseñó: «Otra vez os digo, que si dos de vosotros se pusieren de acuerdo en la tierra acerca de cualquiera cosa que pidieren, les será hecho por mi Padre que está en los cielos» (Mt 18.19).

c) El versículo 16 también sugiere que uno busque a alguien como Elías, que se conoce por su gran fe, y agrega: «La oración eficaz del justo puede mucho». Todos los creyentes son justos en la justicia de Cristo; los que creen son justificados; sin embargo, algunas personas dedican mucho tiempo a la oración, a la Palabra de Dios y a caminar bajo la dirección del Espíritu Santo. Elías tenía sus debilidades, pero era un hombre de fe que caminó con Dios. En cada iglesia quizás haya varias personas, aparte de los pastores (ancianos), que humildemente caminan con Dios y oran con eficacia.

¿Quiénes conoce en su iglesia a los cuales puede acudir para la oración eficaz?

¿Alguna vez ha llamado a los ancianos o alguien en quien confíe para orar por usted en tiempo de enfermedad o sufrimiento? Revise lo que sucedió.

7. En Santiago 5.16, el autor sugiere que los creyentes se confiesen las faltas unos a otros como un método de sanidad corporal. Esto no siempre es fácil, pues uno no siempre puede encontrar alguien con la madurez necesaria para ser un oidor confiable de la confesión. A lo mejor Santiago tenía en mente las confesiones de las ofensas. Si ofendimos a alguien o si otro nos ha ofendido, es posible que la oración de sanidad, o de alguna otra necesidad, sea un esfuerzo vano hasta que perdonemos y nos perdonen. Si no encontramos a quien confesar el pecado o la transgresión, es bueno que lo hagamos al Señor. Puede ser que la única barrera a la sanidad plena sea la falta de confesión del pecado de envidia, celos, odio o menosprecio.

¿Alguna vez confesó una ofensa a otro, o recibió la confesión de otra persona? ¿Qué pasó?

¿Tiene un área en su vida que necesita disciplina en la actualidad?

FE VIVA

La sanidad divina es sin duda una de las bendiciones que el Señor le ha dado a su pueblo. Aprendimos que uno de los nombres del Señor es *Jehová-rapha,* «Jehová nuestro sanador». Vimos que lo que el Señor revela acerca de su naturaleza, siempre será así para su pueblo. Cuando Jesús el redentor vino en el cumplimiento del tiempo, pasó una buena parte de su ministerio terrenal sanando a los enfermos, no sólo para demostrar su deidad, sino movido por la compasión, al ver al pueblo como ovejas que no tienen pastor.

Jesús envió a sus seguidores, mandándolos a sanar enfermos (Mt 10.8). En la Gran Comisión prometió a sus discípulos que les acompañarían señales a sus predicaciones y enseñanzas: Impondrían las manos en los enfermos y estos se sanarían. Santiago, el hermano de Jesús y el líder de la iglesia apostólica, escribió inspirado por el Espíritu Santo: «¿Está alguno enfermo entre vosotros? Llame a los ancianos de la iglesia, y oren por él, ungiéndole con aceite en el nombre del Señor. Y la oración de fe salvará al enfermo, y el Señor lo levantará; y si hubiere cometido pecados, le serán perdonados» (Stg 5.14-15).

Debido a que los creyentes cristianos cuentan con esta provisión, tenemos el privilegio de recibir la sanidad divina en respuesta a la oración. Tenemos la prerrogativa divinamente ordenada de procurar la sanidad a través del canal de la oración: de otro creyente o de los ancianos de la iglesia. Si nos falta fe, podemos pedirla. Esto no significa que seamos débiles si acudimos a la medicina o a los procedimientos quirúrgicos. Sin embargo, no hay bendición más grande que experimentar el poder de Dios sanando nuestro cuerpo físico. Aunque acudamos a las medicinas, todavía podemos orar pidiéndole a Dios que dé poder a la medicina o al que la practica. Tal vez le sorprenda saber lo que Dios puede hacer y lo que tiene la disposición de hacer a través de nosotros si ponemos la confianza total en su grande y amoroso poder. «¿Está alguno entre vosotros afligido? Haga oración».

Lección 2 / La sanidad y la cruz

La cruz de Cristo, junto con la resurrección, es el corazón de la fe cristiana; es la médula del mensaje del evangelio. En la cruz, al pecado y a la enfermedad se les despojaron de su aguijón. Cuando miramos hacia la cruz, vemos a Jesús con las manos, los pies y el costado heridos; un segundo vistazo revela una tumba abierta y sabemos que la redención de la maldición del pecado tan largamente tipificada se ha «hecho»; nuestra esperanza surge por encima de las nubes cuando vemos a Jesús *exaltado por nosotros*. «Por su llaga fuimos nosotros curados» (Is 53.5).

LA SANIDAD Y LA SERPIENTE DE BRONCE LEVANTADA

En los tiempos de Moisés, Dios proveyó un símbolo gráfico del poder de sanidad de la cruz (véase Nm 21.5-9). El pueblo pecador provocó al Señor con sus acusaciones continuas contra Moisés y aun contra el mismo Dios. La naturaleza pecaminosa, adámica, del pueblo estaba fuera de control; la maldición del Edén se había manifestado a plenitud. Dios les daba el maná a diario, pero odiaban hasta su gusto, menospreciando la provisión de la gracia de Dios. Llegaron al punto de transferir su odio a Dios y al líder que Él les dio. Sus excesos pecaminosos de disputas y contiendas frenaron el tan deseado viaje a la tierra prometida. Sus actos y actitudes de rebeldía ocasionaron una aflicción horrible a todo el campamento; multitudes cayeron a causa de las mordeduras de las «serpientes ardientes». Parecía reinar la muerte. Sin embargo, como siempre, Dios en su gracia proveyó un remedio para dar sanidad. Por mandato divino, Moisés puso una serpiente de bronce sobre una asta con la promesa de que todo aquel que mirara con fe a la serpiente de bronce sería restaurado. Había vida en una mirada, gracia en un vistazo, victoria en una visión del emblema de la redención del pecado juzgado y expiado.

ENTRE BASTIDORES

La clave de la sanidad divina. La plaga de serpientes ardientes enviada sobre el pueblo de Dios fue, en realidad, un castigo que ellos mismos se infligieron debido a su frecuente murmuración. Dios permitió que su juicio se aviniera a la presunción popular, y muchos murieron por la mordedura de las serpientes. Pero en respuesta al arrepentimiento de su pueblo, Dios prescribió que se erigiera una serpiente de bronce, y todo aquel que levantara la vista con fe hacia ella sería sanado. Jesús se refirió a este relato en Juan 3.14,15, al implicar que la serpiente de bronce prefiguraba su crucifixión. Nuestra sanidad, tanto espiritual como física, viene de poner nuestros ojos en el Cristo crucificado e identificarnos con Él, ya que por su herida fuimos sanados (1 P 2.24).[1]

LA SANIDAD Y EL CORDERO DE DIOS LEVANTADO

Vemos claramente en Números 21 que surgieron dos remedios y beneficios distintos al mirar el símbolo del Cristo crucificado. Las bendiciones fueron el perdón de los pecados y la sanidad de la enfermedad que afligía al cuerpo. Los beneficios de la gracia también eran dos: primero, el espiritual, por la limpieza de sus almas manchadas de pecado, y segundo, el físico, por la sanidad de las mordeduras de las serpientes. La cuerda de rescate, que parte de la cruz hacia la humanidad afligida por el pecado, tiene dos cabos de rescate: La redención del alma y la sanidad para el cuerpo. Sabemos que la interpretación que hacemos es correcta porque lo aclara el pasaje central del Nuevo Testamento: Juan 3.14-17.

La palabra *salvo* del versículo 17 de este pasaje se refiere a una salvación completa, a una redención que abarca toda la persona. Cuando Jesús dijo: «Porque no envió Dios a su Hijo al mundo para condenar al mundo, sino para que el mundo sea salvo por él», se refería a la salvación completa de la persona, cuerpo y alma. Él utiliza la palabra *salvo* con un significado de salvación tanto física como espiritual, y lo podemos ver a continuación, en la explicación sobre la «Riqueza literaria».

RIQUEZA LITERARIA

Salvado, *sozo*. Salvar, sanar, curar, preservar, mantener seguro y sano, rescatar de un peligro o destrucción, liberar. *Sozo* salva de la muerte física mediante la sanidad, y de la muerte espiritual mediante el perdón del pecado y sus efectos.[2] La palabra *sozo* se utiliza dieciséis veces en el Nuevo Testamento para referirse a la sanidad del cuerpo. Los pasajes son los siguientes: Mateo 9.21,22; Marcos 5.23,28,34; 6.56; 10.52; Lucas 7.50; 8.36,48,50; 17.19; 18.42; Hechos 4.9; 14.9; Santiago 5.15.

UN REMEDIO DE SANIDAD QUE CADUCÓ

Se debe dar una advertencia al considerar la serpiente de bronce que Moisés levantó en el desierto. Él lo hizo por mandato de Dios para dar sanidad a los israelitas enfermos y moribundos. La serpiente de bronce sobre una asta era un símbolo orientado hacia el futuro, al cumplimiento del tiempo cuando Jesús, el Redentor prometido, vendría para cumplir todas las tipificaciones, sombras y símbolos del Antiguo Testamento. Cuando levantaron a Jesús en la cruz, vino a ser lo que la serpiente de bronce representaba. Ahora sólo es necesario ejercitar fe en la obra consumada de la cruz.

En 2 Reyes 18.3,4 se menciona una práctica de alabanza a la «serpiente de bronce», que el buen rey Ezequías abolió. La serpiente de bronce se dio para un momento y sólo como señal del juicio y la expiación del pecado del pueblo. No se hizo para que se convirtiera en un objeto de alabanza. Señalaba hacia adelante, a la muerte vicaria y propiciatoria de Cristo en la cruz donde se juzgaba todo el pecado. El sacrificio de Cristo se llevó a cabo de una vez y para siempre, y no iba a repetirse; era una obra consumada. Honramos el recuerdo, no la cruz en sí, la cual fue un instrumento atroz para dar pena de muerte, sino el sacrificio que se ofreció allí para nuestra salvación. No es la cruz quien nos salva, sino la fe en Cristo y su obra de expiación.

Si procuramos encontrar sanidad y perdón en un objeto con forma de cruz o en algún amuleto, perpetuamos un estilo de alabanza abusiva como la que ocurrió con la serpiente de bronce y que el rey Ezequías abolió. Quizás hayan algunos que utilicen los objetos sólo para recordar los hechos y las realidades espirituales; pero en algún momento, invariablemente, los objetos de recuerdo se convierten en objetos de alabanza. Algunos pueden evitar el abuso, pero otros menos entendidos y que los imitan pueden desembocar en un acto de idolatría.

Además, si miramos únicamente a la cruz, avanzamos sólo hasta la mitad del camino, pues la obra completa de salvación para el cuerpo y el alma debe incluir la tumba vacía, la gloriosa resurrección. Cristo no sólo murió, también resucitó y está sentado a la diestra de Dios para ser nuestro intercesor y Sumo Sacerdote. La obra de la cruz compró nuestra salvación, pero el caudal de beneficios gloriosos fluye desde el asiento de misericordia del trono de gracia. El Salvador al que adoramos es el mismo Cristo viviente hoy, ayer, mañana y siempre.

Tome nota de ejemplos contemporáneos en que ha oído, o tiene conocimiento, de que la superstición se ha proyectado en objetos para procurar la bondad de Dios.

Escriba sus ideas acerca de cómo puede ocurrir algo similar cuando el pueblo busca lo mismo en algún ministro ungido para la sanidad.

La sanidad de Dios y el imán de redención levantados

Otro pasaje de las Escrituras que hace referencia a Jesús «levantado» se encuentra en Juan 8.26-30. El mundo, incluso los discípulos de Jesús, en realidad no lo *conocían* como el Salvador y Redentor hasta que murió y resucitó. Lo conocían como el gran Maestro, hasta como el Mesías que regiría sobre un reino venidero. Pero sólo la cruz lo reveló como el sufriente Cordero de Dios que quitaría los pecados y aflicciones del mundo, a pesar de que Juan el Bautista lo presentó como tal.

RIQUEZA LITERARIA

Conoceréis, *ginosko.* Compare «prognosis», «gnómico», «gnomon», «gnóstico». Percibir, entender, reconocer, ganar conocimiento, darse cuenta, llegar a conocer. *Ginosko* es el reconocimiento que tiene un principio, un desarrollo y un logro. Es el reconocimiento de la verdad por experiencia personal.[3]

Como el Señor Jesucristo murió en la cruz por nuestros pecados y aflicciones, millones han llegado a conocerlo como su Salvador y Sanador.

Y por todos murió, para que los que viven, ya no vivan para sí, sino para aquel que murió y resucitó por ellos. De manera que nosotros de aquí en adelante a nadie conocemos según la carne; y aun si a Cristo conocimos según la carne, ya no *lo* conocemos así. De modo que si alguno *está* en Cristo, <u>nueva criatura</u> *es*; las cosas viejas pasaron; he aquí todas son hechas nuevas» (2 Co 5.15-17).

A Él lo conocemos en el Espíritu.

 ### SONDEO A PROFUNDIDAD

Existe otro pasaje de la Escritura que resalta a Cristo levantado en la cruz: Juan 12.20-33. Lea este pasaje y extraiga (escriba a continuación) tres expresiones eternas clave que caracterizan y resumen el ministerio de Jesús.

1.

2.

3.

Es posible que no haya un pasaje más importante en el Nuevo Testamento que Juan 12. Los griegos buscaban a Jesús; quizás fueron a invitarlo a que llevara sus enseñanzas a Grecia; a lo mejor eran como el macedonio (griego) que aparece en Hechos 16, quien en la visión de Pablo, vino a ayudarlos. Los griegos de Juan vinieron muy temprano; antes de la cruz.

Jesús les explicó que la hora de su glorificación se acercaba. ¿Qué otro grupo de hombres hubiera llamado a su hora de ignominia el momento de gloria? Jesús la llamó la hora en que Él sería glorificado. No ignoraba la espantosa amargura del sufrimiento de la copa del Calvario, pero en un momento le pasó por la mente que el Padre podría salvarlo del espanto de cargar el pecado y de sufrir la derrota aparente de la tumba. Pero de inmediato se sometió voluntariamente al plan del Padre y surgieron palabras de triunfo: «Mas para esto he llegado a esta hora». Vino para ser plantado; declaró que para tener una cosecha de redención, la semilla de provisión tenía que caer en tierra, pero que el grano de trigo plantado produciría una cosecha mundial de almas salvadas hasta los confines de la tierra.

Entonces Jesús dijo: «Y yo, si fuere levantado de la tierra, a *todos* atraeré a mí mismo». Podía ver las multitudes de enfermos y culpables dejando sus cargas aplastantes al pie de la cruz. ¡Con razón dijo que la hora de su gloria había llegado! Pablo, en Filipenses 2.5-11, expone perfectamente acerca de la humillación y la exaltación. Para mayor enriquecimiento, lea ese pasaje.

LA ORACIÓN EFICAZ PARA SANIDAD LEVANTADA

Existen momentos cuando los seguidores redimidos del Señor entran en comunión con sus sufrimientos y por consiguiente se transforman en siervos más consagrados y eficaces. Los apóstoles de Jesús, en su esfuerzo por llevar las buenas nuevas de la salvación completa que emanó de la cruz y de la tumba vacía, sufrieron persecución severa. En especial sufrieron al tratar de predicar las buenas nuevas de la resurrección. Los encarcelaron y amenazaron con castigos mayores si continuaban con la predicación pública de la resurrección de Jesús. Los apóstoles se reunían para informar respecto a las amenazas. Se refrescaban las mentes acerca del propósito de la venida de Cristo a la tierra y del significado de la cruz y la resurrección. Después se unían en la siguiente oración:

> Y ahora, Señor, mira sus amenazas, y concede a tus siervos que con todo *denuedo* hablen tu palabra, <u>mientras extiendes tu mano para que se hagan sanidades y señales y prodigios mediante el nombre de tu santo Hijo Jesús.</u> Cuando hubieron orado, el lugar en que estaban congregados tembló; y <u>todos fueron llenos del Espíritu Santo,</u> y hablaban con <u>denuedo</u> la palabra de Dios.
>
> (Hch 4.29-31)

Los discípulos dijeron, en efecto: «Señor, sabemos que tenemos salvación completa en Cristo, tu Hijo, adquirida con su muerte propiciatoria en la cruz. Vimos que una gran victoria surgió de tu evangelio a través de la sanidad de un cojo; ahora se nos ha prohibido la predicación de la resurrección en Jerusalén; Señor, extiende tu mano para sanar los enfermos para que nos dé un renovado denuedo para predicar la verdad a pesar de los sufrimientos». El Señor les respondió, enviándoles un terremoto espiritual privado y con esto un nuevo Pentecostés y un *denuedo* renovado. Luego, Dios hizo grandes milagros de sanidad a través de Pedro, Felipe y Esteban.

> Y por la mano de los apóstoles se hacían muchas señales y prodigios en el pueblo; y estaban todos unánimes en el pórtico de Salomón. De los demás, ninguno se atrevía a juntarse con ellos; mas el pueblo los alababa grandemente. Y los que creían en el Señor aumentaban más, gran número así de hombres como de mujeres; tanto que sacaban los enfermos a las calles, y los ponían en camas y lechos, para que al pasar Pedro, a lo menos su sombra cayese sobre alguno de ellos. Y aun de las ciudades vecinas muchos venían a Jerusalén, trayendo enfermos y atormentados de espíritus inmundos; y todos eran sanados.
>
> (Hch 5.12-16)

La proclamación denodada de la resurrección de Jesús de la tumba, junto con la enseñanza de que el Señor era un Salvador y Sanador viviente, atrajo a multitudes al Reino de Cristo.

 ## RIQUEZA LITERARIA

Denuedo, *parrhesia*. Osadía para hablar, expresión sin reserva, libertad de palabra, con franqueza, candor, valor, entusiasta, lo opuesto a cobardía, timidez o temor. Aquí denota un don divino que recibe la gente ordinaria, no profesional, que exhibe poder y autoridad espirituales. Se refiere también a una clara presentación del evangelio que no es ambigua o ininteligible. *Parrhesia* no constituye una cualidad humana, sino un resultado de recibir la plenitud del Espíritu Santo.[4]

Dios le dio a los discípulos denuedo porque deseaban, por encima de cualquier pensamiento de preservación personal, que el evangelio de salvación completa avanzara llevando redención y sanidad a las incontables multitudes de personas enfermas y plagadas de culpa. Parece que resultados similares ocurren hoy en día donde el pueblo de Dios ora pidiendo denuedo mediante el poder del Espíritu Santo de Dios.

UN CLAMOR POR MISERICORDIA SANADORA LEVANTADA

Un relato muy interesante de un milagro es el de la sanidad del ciego Bartimeo y que usted puede leer en Lucas 18.31-43.

En el último viaje a Jerusalén, antes de llegar a Jericó, Jesús les explicó a sus discípulos que iba a ser traicionado, insultado y crucificado, pero que se levantaría de entre los muertos al tercer día. Los discípulos estaban perplejos por la profecía de su muerte; es más, la predicción estaba más allá de su entendimiento. Después de la enseñanza del Maestro, no podían pensar en otra cosa que en la esperanza predominante de que Él había venido a establecer un reino terrenal. En este cuadro no había forma de darle cabida a la muerte. La cruz era algo impensable.

Sorprendentemente, se encontrarían con un mendigo ciego que tendría un concepto más claro de la misión de Jesús que cualquiera de ellos. Cuando el ciego Bartimeo oyó que Jesús de Nazaret pasaba por Jericó, «dio voces, diciendo: ¡Jesús, Hijo de David, ten misericordia de mí!» Dijo esto dos veces, a pesar de la reprensión de los discípulos. Uno debe preguntarse: ¿Cómo es posible que este mendigo callejero y ciego conozca que Jesús de Nazaret era el heredero del trono mesiánico de David? ¿Cómo conocía las «misericordias firmes de David»? (Is 55.3). Como «Hijo de David» era uno de los nombres del Mesías, quizás lo escuchó en alguna conversación en la calle, pero, ¿cómo asoció las profecías de las *misericordias firmes de David* con Jesús para pedirle que tuviera misericordia y le sanara los ojos ciegos desde el nacimiento? Debemos entender que Dios de alguna manera se lo reveló, tal como lo hizo antes con el centurión que supo que Jesús podía sanar a la distancia con la sola palabra. Para buscar los temas en conjunto de «David» y «misericordia», véanse los pasajes siguientes: Salmo 89.20-24; Isaías 55.3,4; y Hechos 13.32-38.

Bartimeo no sabía la profecía de Jesús de Su muerte y resurrección inminentes. Desconocía el significado, que sepamos, de la muerte expiatoria y la resurrección de Cristo, pero sí sabía lo que profetizó el salmista y el profeta Isaías: Jesús sería el Mesías (Hijo de David) y tendría «misericordias firmes» para dar. Sabía bien que David había muerto hacía mucho tiempo y que ya había visto corrupción, pero al parecer sentía que el Hijo de David (Mesías) tendría poder y *misericordia* para terminar con su ceguera.

Pablo dice, en el sermón de Hechos 13, que el hijo de David sería levantado de entre los muertos y que el Cristo resucitado otorgaría las misericordias firmes de David, entre las cuales se encuentran el perdón de los pecados y la sanidad de los enfermos. Ambas bendiciones se manifestarían en el ministerio de Pablo en Iconio y Listra.

¿En cuáles áreas tienes un deseo mayor de ver en acción el poder sanador de Dios?

FE VIVA

Podemos tener la certeza de que aquel que murió por nuestros pecados y fue levantado para nuestra justificación, todavía le da a los que creen tanto la salvación del alma como la sanidad completa a los enfermos. Aquel que fue levantado en una cruz para morir por nuestro pecado y por nuestra culpa venció la muerte y el jucio de todos los creyentes. Este triunfo abarcó la experiencia de las «misericordias firmes» de David. Las «misericordias firmes» son los beneficios del reino donde el Cordero de Dios ya se ha convertido, espiritualmente, en el León de la tribu de Judá. Si está afligido, clama con fe: «¡Hijo de David, ten misericordia de mí!» Él te contestará: «Tu fe te ha sanado».

Lección 3 / Sanidad y arrepentimiento

¿Qué es el arrepentimiento?

Generalmente pensamos en el arrepentimiento como aquello que ocurre con los pecadores que vienen a Cristo por primera vez. Después del sermón de Pedro en el día de Pentecostés, la gente respondió bajo gran convicción de pecado: «Varones hermanos, ¿qué haremos? Pedro les dijo: Arrepentíos y bautícese cada uno de vosotros en el nombre de Jesucristo para perdón de los pecados; y recibiréis el don del Espíritu Santo» (Hch 2.38). Algunos días más tarde Pedro, respondiendo a un grupo de pecadores, dijo: «Así que, arrepentíos y convertíos, para que sean borrados vuestros pecados» (Hch 3.19). Cuando Jesús vino predicando el evangelio del reino, decía: «El tiempo se ha cumplido, y el reino de Dios se ha acercado; arrepentíos, y creed en el evangelio» (Mc 1.15).

Sin embargo, a los creyentes desobedientes, descuidados y pecadores, también se les llama al arrepentimiento. Pablo demandó a los miembros moralmente pecaminosos de la iglesia de Corinto a que se arrepintieran de sus caminos, por la fornicación y la lascivia que habían cometido (2 Co 12.20,21). Asimismo, cuando Juan por orden de Jesús escribió a las siete iglesias de Asia, la carta a la iglesia de Éfeso (la mejor de las siete) concluyó con la advertencia a arrepentirse «pues si no, vendré pronto a ti, y quitaré tu candelero de su lugar» (Ap 2.5).

 RIQUEZA LITERARIA

Arrepentíos, *metanoeo.* De *meta,* «después», y *noeo,* «pensar». El arrepentimiento es una decisión que resulta en un cambio de mente, lo cual a su vez lleva a un cambio de propósito y acción.[1]

SONDEO A PROFUNDIDAD

Nuestro concepto del «arrepentimiento» generalmente está unido a la «tristeza y la pesadumbre emocional». Sin embargo, las palabras bíblicas (*sub* en hebreo y *metanoeo* en griego) significan «cambio de mente y dirección», un cambio total. La tristeza y la pesadumbre casi siempre acompañan al arrepentimiento, es más, el remordimiento es un preludio importante del arrepentimiento, pero decir tan solo: «lo lamento», a menudo denota lástima por las consecuencias del pecado y no por el acto en sí. Pablo dice en 2 Corintios 7.9,10: «Ahora me gozo, no porque hayáis sido contristados, sino porque fuisteis contristados para arrepentimiento[...] Porque <u>la tristeza que es según Dios produce arrepentimiento</u> para salvación, de que no hay que arrepentirse; pero la tristeza del mundo produce muerte».

Si la tristeza y la pesadumbre nos conducen al arrepentimiento, obviamente el arrepentimiento va más allá de la tristeza o del remordimiento. Si en realidad lamentamos y tenemos remordimiento por nuestro mal proceder, nuestra conducta cambiará de dirección y nuestro propósito cambiará su conducta. Tanto Judas Iscariote como Simón el hechicero tuvieron dolor profundo, pero ninguno de los dos se volvió a Dios con sinceridad. Al Señor no lo engañan las lágrimas de cocodrilo. Él responde al cambio de resolución interna que conduce a nuestra vida de la voluntad propia a la divina.

¿En qué el arrepentimiento es un cambio? Describa una experiencia personal de arrepentimiento.

¿Cuál es la diferencia entre remordimiento y el arrepentimiento del pecado?

¿Puede mencionar tres ejemplos bíblicos de dolor (sea genuino o no) que causó el pecado?

¿Qué dijo Pablo acerca de la relación entre la tristeza piadosa y el arrepentimiento verdadero?

Los cristianos a veces pecan, como dijo Juan en la primera epístola: «Si decimos que no tenemos pecado, nos engañamos a nosotros mismos, y la verdad no está en nosotros. Si confesamos nuestros pecados, Él es fiel y justo para perdonar nuestros pecados» (1 Jn 1.8,9). Los verdaderos creyentes no viven en pecado ni lo practican deliberadamente; si lo hacen, se convierten en apóstatas (1 Jn 3.7-9). Sin embargo, los cristianos a menudo cometen pecados de actitud, omisión, descuido, incredulidad, disposición, etc. El escritor de Hebreos dice: «Porque el Señor al que ama, disciplina» (Heb 12.6). A veces, la disciplina viene en forma de enfermedad; sin embargo, debo decir que no toda enfermedad se debe a algún pecado (Jn 9.1-3). Cuando la enfermedad es un método de disciplina, debe haber arrepentimiento para que venga la sanidad. En el pacto de sanidad del Nuevo Testamento (Stg 5.13-16) se entiende claramente que en muchos casos primero debe haber confesión de pecados y arrepentimiento, antes que los ancianos o aquellos que oran eleven la oración eficaz por el enfermo.

Hay varios pasajes bíblicos que se refieren a la relación que existe entre la demora a la respuesta a la oración de sanidad y un cambio de actitud y de conducta. En este capítulo examinaremos estos pasajes sobre el *arrepentimiento*.

EL CASO DE LA LEPRA DE MARÍA
(Nm 12.1-15)

Números 12.1-15 contiene no sólo la sanidad de la lepra de María, sino también la historia de su mala conducta que le causó una aflicción grave. Esta mujer espiritualmente dotada se permitió cometer al menos siete pecados, seis de ellos eran de actitud. Antes de estudiarlos, veamos cuántos puede usted encontrar al leer y meditar el pasaje en cuestión. Sus pecados fueron los siguientes:

1. El pecado de rebelión y crítica errada

María (la hermana de Moisés) y su hermano Aarón criticaron implacablemente el casamiento de Moisés con Séfora, la hija de Jetro, porque era cusita y quizás el color de la piel era diferente, aunque no tenemos certeza de lo último. Sabemos que la familia de Jetro era de Dios. Los cusitas no eran uno de los pueblos con los que Dios había prohibido el casamiento de los israelitas. En realidad, María y Aarón se rebelaban contra la autoridad de Moisés, usando como excusa a la esposa para encubrir el motivo verdadero. Tenemos, ciertamente, el derecho de dar sugerencias a los líderes espirituales, pero criticarlos es dañino para ambas partes.

2. El pecado del celo y la envidia

La crítica de María respecto a la esposa de Moisés era un escudo de sus celos. Cuando la carga de juzgar al pueblo se le volvió muy pesada a Moisés, Jetro, su suegro, le sugirió que eligiera a setenta ancianos que lo ayudaran con la enorme tarea de juzgar las necesidades y ofensas entre más de medio millón de personas (véanse Nm 11.21-30; Éx 18.1-27). No existe duda de que Aarón y María eran personas espiritualmente dotadas; Aarón era el primer sumo sacerdote; a María se le reconoce como profetiza; compuso una canción en el Espíritu; era líder de las mujeres de Israel (Éx 15.20,21). Sin embargo, un don espiritual no lo califica a uno para hacer demandas de liderazgo. María era culpable de *celos*.

3. El pecado del prejuicio racial

Aunque la motivación de María fueron los celos, estaba prejuiciada o no hubiera hecho referencia a la raza y quizás al color de la esposa de Moisés. El padre de la esposa de Moisés le dio a este un consejo que utilizó para reorganizar la estructura del liderazgo de la nación. Aarón y María, familiares de Moisés, estaban envidiosos y celosos porque no habían contado con ellos en la designación de los ancianos. Para encubrir su motivaciones verdaderas, se les ocurrió la crítica racial de Moisés por haberse casado con Séfora, la hija de Jetro. Al mismo tiempo, María descubrió su prejuicio racial.

4. El pecado del orgullo desordenado

Se ve claramente en el versículo 2 que María era culpable de orgullo espiritual: «¿Solamente por Moisés ha hablado Jehová? ¿No ha hablado también por nosotros? Y lo oyó Jehová». Sí, Dios había hablado a través de Aarón y María; y ellos eran siervos valiosos del Señor. Pero debemos recordar, sin embargo, que Dios hablará en cualquier momento a través de quien Él quiera y elija como canal. Nadie puede imponerse en el gobierno de los asuntos de Dios porque lo hayan usado una vez.

5. El pecado del egoísmo

«Nada hagáis por contienda o por vanagloria; antes bien con humildad, estimando cada uno a los demás como superiores a él mismo» (Flp 2.3). La queja de María estaba impregnada de egoísmo. En vez de gozarse por el plan que mejoraría la vida y el andar de Israel, demostró claramente su disgusto porque la excluyeron del centro de la planificación. El versículo 2 termina con las palabras: «Y lo oyó Jehová». No creamos que nuestras quejas petulantes acerca de aparentes omisiones son terrenales, el cielo sintoniza nuestra onda. De ninguna manera Dios estaba contento con lo que oyó de labios de María.

6. El pecado del odio

«Pero el que aborrece a su hermano está en tinieblas, y anda en tinieblas, y no sabe a dónde va, porque las tinieblas le han cegado los ojos» (1 Jn 2.11). El pecado de María progresó de los celos al prejuicio y de este al odio. Si Dios no la hubiera disciplinado, su retrogradación no hubiera tenido fin. Sólo la disciplina amorosa de Dios (Heb 12.6) salvó a María del desastre espiritual permanente. A veces la enfermedad y la aflicción nos salvan de la oscuridad espiritual total. El arrepentimiento verdadero puede dar sanidad al alma y al cuerpo.

7. El pecado de la necedad

«Y dijo Aarón a Moisés: ¡Ah! señor mío, no pongas ahora sobre nosotros este pecado; porque locamente hemos actuado, y hemos pecado» (Nm 12.11). La queja que María creyó la restauraría al coliderazgo con Moisés (después de todo, era la hermana mayor que salvó a Moisés de su arquilla de juncos: Éx 2.1-10) la hizo caer al fondo, en vez de elevarla a la cima. Como desenlace, tuvieron que confesar la *locura* que provocó la lepra y el destierro.

NOTA:

Moisés no se defendió en respuesta a las quejas de Aarón y María. El texto inspirado nos dice que Moisés era el hombre más humilde sobre la faz de la tierra. Dios mismo defendió a Moisés, su líder elegido (Nm 12.6-8).

La lepra horrible que afectó a María fue muy breve. Sufrió siete días la aflicción de la enfermedad y el destierro del campamento de Israel debido a la impureza real y ceremonial. Cuando apareció la lepra, Aarón comenzó de inmediato a arrepentirse y a rogar perdón; debemos suponer que María se unió a Aarón en arrepentimiento sincero. Al parecer, la participación de Aarón en la rebelión fue el resultado de la persuasión de María, pues Aarón no fue partícipe de la disciplina. Como Aarón era el sumo sacerdote, la lepra hubiera manchado todo el sacerdocio.

Cuando Aarón se arrepintió por él y por su hermana, Moisés clamó a Dios por la sanidad de María. Esta fue sanada, pero tuvo que soportar el destierro durante siete días. Dios perdona y sana, pero las cicatrices del pecado permanecen; no volvemos a leer de María en la historia de la conquista hasta su muerte (Nm 20.1).

¿Qué lecciones podemos tomar de la historia de María?

¿Cuál de los siete pecados que estudiamos considera que es el más peligroso para su vida?

¿De qué manera puede resolverlo?

La aflicción de María fue el resultado de pecados graves, pero Dios en su infinita misericordia contestó la oración eficaz de Moisés, sanando a María de su aflicción. Muchos enfermos tienen la impresión de que la enfermedad que los aqueja es consecuencia del pecado, aunque muchas veces es simplemente el resultado de la ley natural de causa y efecto. Sin embargo, si la aflicción es disciplina de Dios, uno puede sentirse animado al ver que Dios sanó a María en respuesta a la oración de fe. Comparadas con los pecados de María, las ofensas de la persona común serían menores. Si usted está enfermo y siente que su enfermedad es disciplina de Dios, regocíjese en esto: «Porque el Señor al que ama, disciplina. Si se ha arrepentido (cambio de voluntad y conducta) con sinceridad, pídale a Dios que lo sane, o llame a los ancianos; quizás reciba la salud.

¿Cuántos tipos de conductas modernas piensa que Dios puede castigarlo a uno para lograr arrepentimiento (cambio de conducta o propósito)?

¿Cuáles de los pecados de María, en su opinión, son comunes en la actualidad entre algunas personas en la iglesia?

Utilizando una concordancia, ¿cuántos pasajes del Nuevo Testamento relacionados con cualquiera de los pecados de María puede encontrar?

¿Cómo ha notado que la «enfermedad» se manifiesta en nuestra sociedad, aparte de la aflicción física?

¿Cómo puede relacionarse el pecado con estas manifestaciones?

Anote algunos nombres de personas por las que pueda orar por «sanidad» en esos términos.

CASOS DE ARREPENTIMIENTO EN EL SALMO 107

El escritor del Salmo 107 pinta con palabras cuatro bocetos de personas que atraviesan una experiencia humana muy común; 1) perdidos errantes, 2) cautivos en ataduras, 3) enfermos y afligidos, 4) navegantes perdidos en una tormenta. Cada uno atraviesa cinco etapas: autosuficiencia (v. 11), calamidad (vv. 12,16,18), arrepentimiento (v. 19), liberación (v. 20) y el llamado a la acción de gracias (v. 22). La primera referencia del salmista fue acerca de la cautividad babilónica de Israel y de la restauración a su tierra natal. Sin embargo, la Biblia inspirada no sólo habla a sus lectores originales, sino que también se dirige a los de todas las épocas que tienen los mismos fracasos, liberaciones y triunfos espirituales.

Las referencias bíblicas mencionadas se tomaron de varias figuras expresadas en el Salmo 107. Las etapas son las mismas en las cuatro descripciones. Dios no sólo se relaciona con los transgresores de manera similar, sino que también salva y rescata utilizando un esquema fijo de redención, que es el siguiente: convicción de pecado, fe, arrepentimiento, salvación y alabanza en acción de gracias.

¿Qué clase de persona y calamidad se describen en los versículos 4 al 9 del Salmo 107?

¿Qué clase de persona y calamidad se describen en los versículos 10 al 16?

¿Qué clase de persona y calamidad se describen en los versículos 17 al 22?

¿Qué clase de persona y calamidad se describen en los versículos 23 al 32?

 INFORMACIÓN ADICIONAL

En este salmo la enfermedad es el castigo por la transgresión. El transgredir implica violar a sabiendas los límites conocidos de la obediencia. De ahí que el castigo no sea tanto una acción directa de Dios como consecuencia indirecta de haber ignorado las bendiciones que provienen de cumplir su voluntad, y exponernos así a los juicios que supone violarla. Sin embargo, la liberación puede llegar mediante un genuino arrepentimiento. A menudo la gente clama a Dios sólo cuando la asalta la calamidad. Las tormentas nos llegan a todos. Súbitas dificultades o una severa enfermedad pueden alcanzarnos debido a nuestra decadencia espiritual, consciente o inconsciente. Pero este texto enseña que si buscamos a nuestro Sanador con un corazón contrito, clamando por liberación, la calamidad puede ser trastocada y recibiríamos sanidad, *tanto* física *como* espiritual. El Señor escuchará un clamor como ese, y entonces nos sanará con «su palabra» (v. 20).[2] Un bello ejemplo de esto puede verse en la sanidad que el paralítico recibió de Jesús, en Lucas 5.17-26.

LA SANIDAD DEL PARALÍTICO
(Lc 5.17-26)

Lucas no nos dice nada respecto a la vida y experiencias anteriores del paralítico. Podemos suponer que esta aflicción estaba relacionada de alguna manera con un pasado pecaminoso, porque Jesús cuando vio la fe demostrada de una manera tan sobresaliente, le dijo al paralítico: «Tus pecados te son perdonados».

El despertar y el cambio en el corazón de este hombre sin duda se efectuó gracias a sus vecinos tan dedicados que al parecer le testificaron acerca de las enseñanzas de Jesús y de su gran poder sanador. Aunque el paralítico obviamente estaba dispuesto a conocer a Jesús, no podía trasladarse por su cuenta al lugar donde quizás se encontraba Jesús enseñando y sanando. En realidad, tuvo que sortear una serie de obstáculos antes de recibir la sanidad.

Primero, tuvo que vencer la barrera de la resignación. Muchos que han tenido impedimentos físicos por largo tiempo aprenden a aceptar la aflicción, abandonan la lucha y hasta les resulta cómodo; una barrera sicológica. Afortunadamente, los vecinos benevolentes del paralítico le despertaron el deseo de caminar otra vez, de volver a vivir.

Segundo, quizás tenía una barrera social. Su aislamiento prolongado de la sociedad activa tiene que haberlo vuelto tímido, retraído y poco dispuesto a ser un espectáculo para la muchedumbre en una gran actividad pública. Se vuelve a destacar el cuadro de liberación y perdón que sus vecinos le describieron acerca del ministerio compasivo de Jesús, que le dio el valor necesario para rendir su voluntad.

Tercero, existía una barrera física; su imposibilidad de caminar hasta el sitio de reunión. Esto lo vencerían sus amigos. A pesar de que las multitudes de curiosos y necesitados bloqueaban el acceso a la puerta de entrada, subieron por una escalera externa al techo y lo bajaron por un agujero que hicieron en el tejado, directo a la presencia de Jesús.

Cuarto, una barrera espiritual había tendido Satanás. Los enemigos religiosos de Jesús estaban presentes en la reunión, rebatiendo a Jesús y negando Su derecho de perdonar pecados. Sin embargo, en cuanto el paralítico venció los primeros obstáculos, él, con la ayuda de sus consagrados vecinos, dio el salto. Es más, juntos clamaron al Dios de amor y misericordia encarnado.

Jesús hizo una pausa en su enseñanza y sintiendo la fe pujante del paralítico y sus amigos, dijo: «Hombre, tus pecados te son perdonados» (v. 20).

¿Por qué cree que Jesús dijo: «Tus pecados te son perdonados», en vez de decir primero: «Levanta tu cama y vete a tu casa»? El pecado está en el fondo del dilema humano. Todo lo que hace por nosotros un Dios santo es en base a su ofrenda sacrificada por el pecado. El pecado debe expiarse para que Él pueda tener comunión con nosotros. El pecado debe resolverse para que pueda venir la sanidad. Jesús podía decir: «Tus pecados te son perdonados», porque estaba rumbo a la cruz para ser nuestro sacrificio propiciatorio por el pecado.

Jesús les respondió a los fariseos, que cerraban sus ojos a la misión de sufrimiento salvador de Cristo, negaban su derecho a perdonar el pecado, con una pregunta: «¿Qué es más fácil, decir: Tus pecados te son perdonados, o decir: Levántate y anda?» Al observador casual, sería más fácil decir: «Tus pecados te son perdonados», porque, ¿quién podría encontrar en la persona algo que refute si esta ha recibido el perdón o no? Pero para decir: «Levántate y anda», uno debía tener el poder necesario para hacer que eso ocurra frente a la multitud.

Sin embargo, para Jesús era más fácil decir: «Levántate y anda», porque tenía la omnipotencia para liberar; mas para decir: «Tus pecados te son perdonados», tenía que tomar la copa amarga del calvario; tenía que estar dedicado a la cruz. «Y sin derramamiento de sangre no se hace remisión» de pecados (Heb 9.22). El poder es siempre más fácil que el amor y la misericordia. ¿Para qué le servía a Jesús decirle al paralítico: «Levántate y anda», si no hubiera podido decirle también: «Tus pecados te son perdonados»? Con la sanidad, el paralítico podría haber vivido cómodamente unos años más, pero con los pecados perdonados, viviría eternamente; disfrutaría de la resurrección con Jesús y se sentaría con Jesús en los lugares celestiales (Ef 2.1-10).

Lección 4 / La sanidad y la oración de fe

En la biografía de Hudson Taylor hay un pasaje revelador. En una carta escrita a un amigo, fechada el 18 de noviembre de 1870, Taylor cuenta esta historia. Él había estado leyendo el Nuevo Testamento en el griego original. Leía el Evangelio de Marcos cuando, súbitamente y de manera extraña, captó su atención una oración breve de tres palabras. Se volvió a su versión del Nuevo Testamento en inglés y leyó las palabras tan familiares: «Tened fe en Dios», pero en griego existía un pensamiento, una enseñanza profunda, que la otra versión no había logrado traducir. Pues así lo leyó Taylor: «Aférrate a la fidelidad de Dios». Este descubrimiento, dijo, arrojó luz a muchos lugares oscuros de su pensamiento. Le animó mucho. Así debe ser, pues esta es la base de la fe verdadera.

Dios le dio al gran misionero, durante una época de pruebas duras, una exhortación sabia en Marcos 11.22. La mayoría de las Biblias traduce el pasaje así: «Tened fe en Dios», una exhortación a todos los creyentes a la obediencia; es el fundamento de nuestra experiencia cristiana. Pero a veces nos olvidamos que la *fidelidad* de Dios nunca abandona a sus hijos, en ninguna circunstancia de la vida. Al fin y al cabo, la fe es *aferrarse* a las promesas fieles de Dios, una de las cuales es sanar el cuerpo.

Uno de los mejores ejemplos de fe denodada en el Nuevo Testamento es la historia de la mujer que tocó el borde de la vestidura de Jesús a pesar de su condición, las experiencias frustrantes que pasó y las multitudes que la separaban de Jesús. Deténgase ahora y lea de ella en Marcos 5.21-34. Véase también Lucas 8.43-48. Al leer estos pasajes observe la palabra *tocar* en especial.

La palabra clave de esta historia es tocar. En el pasaje se hace mención cuatro veces que la mujer *tocó* la vestidura de Jesús. Veamos la clave del toque de la mujer. Esto nos revelará mucho de ella y más aún del amor, la misericordia y la sabiduría de Jesús. Observe las tres características del toque vital de la mujer.

FUE UN TOQUE DESESPERADO

La mujer (no sabemos su nombre) vino a Jesús después de doce años de una seria enfermedad, cuando los doctores no fueron capaces de curarla. Como había transitado todas las vías de sanidad conocidas, la visita a Jesús era su última y desesperada oportunidad de recibir ayuda. No sólo estaba enferma, sino que también se le había agotado el dinero.

La magnitud de su desesperación es más evidente cuando observamos que ha violado la Ley de Moisés (Lv 15). Debido a la naturaleza de su enfermedad, era impura ceremonialmente. Mezclarse entre la gente era una violación de la Ley por la cual la podrían apedrear hasta la muerte. Su esperanza era tocar la vestidura de Jesús sin que nadie se diera cuenta; por lo tanto, se aterrorizó cuando Jesús la llamó de entre la multitud.

Las grandes multitudes que seguían a Jesús hacían casi imposible que las personas débiles se le pudieran acercar. Como Jesús se desplazaba a la mayor rapidez posible, con los discípulos abriéndole camino, para cumplir su misión de misericordia, una persona lenta hubiera visto que era casi imposible seguirle el paso. Una muestra elocuente de la determinación desesperada de la mujer por alcanzar su objetivo fue que logró traspasar esa multitud que se desplazaba con tanta rapidez.

La naturaleza de la misión de Jesús era tal que se oponía a cualquier interrupción. El principal de la sinagoga lo había llamado para que orara por su hija a punto de morir. Ninguno, estando enterado de la urgencia de la misión, hubiera procurado causar una demora a la misión de vida o muerte del Señor. Sería casi imposible imaginar un plan con mayor probabilidad de fracaso que el de la mujer; era una «misión imposible» con un glorioso final.

FUE UN TOQUE DE FE

Con todos los obstáculos en el camino, sólo una verdadera fe podría haber mantenido en el rumbo correcto a la mujer. Ella pensó: «Si tocare tan solamente su manto, seré salva».

¿Qué piensa usted que haya sido el origen de semejante determinación en el corazón de la mujer?

Al parecer, tenía cierto conocimiento del poder sanador de Jesús. Quizás vio una sanidad milagrosa, o algún vecino, amigo o pariente le habló de las buenas nuevas de la misericordia del Maestro de Galilea. Aparentaba tener una convicción profunda que al tocar a Jesús conseguiría la sanidad codiciada y que vanamente había procurado durante doce años. Es posible que el Señor haya puesto esa fe en el alma desesperada. Al fin y al cabo, la fe es un don del Señor. Ella no dijo: «Ojalá ese toque mágico me ayude un poco»; ¡dijo: «Si tocare tan solamente su manto, seré salva»! Tal pensamiento demuestra una fe profunda. Después que Jesús le preguntó, le dijo: «Tu fe te ha hecho salva».

 RIQUEZA LITERARIA

Fe, *pistis.* Convicción, confianza, creencia, dependencia, integridad y persuasión. En el marco del NT, *pistis* es el principio divinamente implantado de confianza interior, seguridad y dependencia en Dios y en todo lo que Él dice. La palabra, algunas veces, indica el objeto o el contenido de la creencia (Hch 6.7).[1]

Creyeres, *pisteuo.* La forma verbal de *pistis*, «fe». Significa confiar en, tener fe en, estar plenamente convencido de, reconocer, depender de alguien. *Pisteuo* es más que creer en las doctrinas de la iglesia o en artículos de fe. Expresa dependencia y confianza personal que deviene en obediencia. El vocablo implica sometimiento a la voluntad de Dios y una confesión positiva del señorío de Jesús.[2]

Escriba unas palabras sobre la importancia, la necesidad o el resultado de la *fe* en los siguientes pasajes de la Biblia.

Mateo 15.28

Mateo 21.22

Marcos 16.17

Lucas 5.20

Lucas 7.9

Lucas 7.50

Lucas 8.50

Lucas 17.5

Hechos 6.5,6

1 Corintios 12.9

EL TOQUE DE CONVERSIÓN

Nos inspira considerar el concepto devocional del poder de la sanidad divina para restaurar la persona. Se podría decir de la mujer que tocó el borde de la túnica de Jesús, considerando su pobreza, su enfermedad incurable y su impureza ceremonial que la aislaba de la sociedad, que al menos a los ojos de las multitudes no era *nadie*. Pero su toque desesperado de fe la convirtió en *alguien*. Con su toque Jesús declaró: «Alguien me ha tocado». Los discípulos sorprendidos le respondieron: «Maestro, la multitud te aprieta y oprime, y dices: ¿Quién es el que me ha tocado?» Pero Jesús dijo: «Alguien me ha tocado; porque yo he conocido que ha salido poder de mí». Después de leer este pasaje en Lucas 8.43-48, deberíamos reconocer para siempre que hay una diferencia grande entre «presionar» y «tocar» a Jesús. De alguna manera todos los que asisten a las reuniones evangélicas presionan a Jesús, pero en realidad sólo un pequeño número lo tocan mediante una fe positiva.

Tal vez parezca que al decir «alguien» está jugando con palabras, pero al leer con detenimiento observamos que Jesús le dijo además a la mujer: «Hija, tu fe te ha salvado; ve en paz». Ese día, una persona que no era nadie para los hombres, se volvió «alguien» importante, se convirtió en «hija de Dios». Es más, por un breve tiempo fue el centro de atención de Jesús, sus discípulos y hasta los mensajeros de la casa de Jairo. Toda actividad cesó hasta que se entendió por completo lo que le ocurrió a ella.

La meta del hombre moderno es hacerse de un nombre, ser importante. Pero muchos avanzan por el camino equivocado. El verdadero camino a la identidad eterna se alcanza con la confesión de Jesucristo como Salvador y Señor. Los que transitan su sendero de amor recibirán un nombre nuevo que nunca se manchará.

La mujer quizás deseaba tocar a Jesús sin que la detectaran. Pero cuando Jesús demandó quién lo había tocado, no pudo escapar; entonces le contó toda la historia de sus esfuerzos desesperados: «Vino temblando, y postrándose a sus pies, le declaró delante de todo el pueblo por qué causa le había tocado, y cómo al instante había sido sanada» (v. 47).

Ahora los que tocan a Jesús con el toque de fe se convierten en parte de su familia; estos no pueden recibir su virtud sanadora si no reciben su abrazo de amor. El Señor no la dejaría ir sin enterarse primero de lo que en realidad le había acontecido. Había que decirle que su fe no le dio sólo una cura mágica, sino también una relación eterna. No recibió cualquier cosa: recibió a Cristo, la persona más importante de todo el universo. Le dijo que lo que ella experimentó no fue tan solo el fin de su sufrimiento físico, sino también el comienzo de una nueva bendición esencial y eterna.

Es posible que la noticia de la mujer que tocó el borde del manto de Jesús se divulgó, pues leemos acerca de sanidades similares a mayor escala: «Y dondequiera que entraba, en aldeas, ciudades o campos, ponían en las calles a los que estaban enfermos, y le rogaban que les dejase <u>tocar siquiera el borde de su manto</u>; y todos lo que le tocaban quedaban sanos» (Mc 6.56).

Debe observarse que mientras que todo esto le ocurría a la mujer desesperada, el principal de la sinagoga, quien llamó a Jesús para que orara por su hija moribunda, con ansiedad y tal parece que inútilmente, esperaba la llegada de Jesús. Mientras lo hacía, al parecer en vano, su hija falleció. ¿Por qué dejaría Jesús que una que no era «nadie» lo detenga mientras la hija del principal de la sinagoga moría? ¿Por qué se permitiría Jesús llegar «demasiado tarde»?

Lea Lucas 8.49-56. ¿En qué momento ve la acción de la fe tornarse hacia el poder?

¿Dónde podría haberse rendido la fe a la duda?

Jesús nunca llega ni obra «muy tarde». Jesús sabía muy bien lo que estaba sucediendo en la casa de Jairo, como Lucas expone en el final feliz de la historia.

La experiencia de Jairo nos hace recordar la muerte y la resurrección de Lázaro (Jn 11). Marta le dijo a Jesús: «Señor, si hubieses estado aquí, mi hermano no habría muerto». Jesús le respondió: «Tu hermano resucitará[...] Yo soy la resurrección y la vida». Jesús nunca está apurado; nunca llega muy tarde. Nada está oculto de sus ojos. Nunca se olvida de nuestras necesidades. Nunca falla. Él podría decirle a la familia de Jairo: «No teman; sólo <u>crean</u>».

Una lección muy importante puede aprenderse de la demora de Jesús a causa de la mujer afligida. A Dios nunca le falta tiempo para terminar sus obras de misericordia. La fe de muchos se ha debilitado por pensar que Dios tiene tantas oraciones para responder que nunca podría oír las peticiones personales. Satanás nos incita a preguntarnos: «¿Cómo puedo esperar que Dios conteste mi oración cuando hay millones de necesitados en todo el mundo que bombardean el trono de gracia con peticiones muchas de ellas más importantes que la mía?» «¿Cómo puede Jesús caminar a mi lado cuando miles de millones anhelan la misma cercanía?» Estas son dudas que nos aquejan, pero podemos encontrar confianza en la Biblia, teniendo en cuenta que Dios es omnipresente y omnipotente y que nos ha dado el Espíritu Santo para que more *en persona* en cada uno de nosotros. Él es un Dios infinito que no tiene limitaciones en cuanto a espacio, tiempo o circunstancias. Tal vez nos ayude recordar que aun el hombre con todas sus limitaciones ha conseguido registrar los nombres de todos en el banco de memoria de una computadora central y con la televisión, hecha por hombres, podemos ver muchas cosas que acontecen en el mundo. Si por medios humanos se puede verificar el saldo de la cuenta bancaria de cualquier persona, sin duda el Creador del universo inmensurable puede mantenerse al tanto de cualquier cosa que en él ocurra.

 FE VIVA

Un pasaje del profeta Isaías nos hace pensar en la sabiduría y el poder ilimitados de nuestro Dios:

> ¿A qué, pues, me haréis semejante o me compararéis? dice el Santo.
> Levantad en alto vuestros ojos, y mirad quién creó estas cosas; Él saca y cuenta su ejército; a todas llama por sus nombres; ninguna faltará; tal es la grandeza de su fuerza, y el poder de su dominio.
> ¿Por qué me dices, oh Jacob, y hablas tú, Israel: Mi camino está escondido de Jehová, y de mi Dios pasó mi juicio?
> ¿No has sabido, no has oído que el Dios eterno es Jehová, el cual creó los confines de la tierra? No desfallece, ni se fatiga con cansancio, y su entendimiento no hay quien lo alcance. (Is 40.25-28)
>
> Dedique tiempo esta noche. Mire el cielo estrellado. Luego piense en este pasaje. ¡Regocíjese en el *poder* de Dios y en su cuidado personal por usted!

La mujer que tocó el borde del manto de Jesús es un ejemplo de alguien a quien Dios regaló una fe intensa. Otro ejemplo excelente de fe grande y sorprendente es la del centurión (un soldado romano con autoridad sobre otros cien hombres), cuyo criado Jesús sanó. La historia se narra en Lucas 7.1-10. Abra su Biblia y lea este pasaje, observe con detenimiento el razonamiento del centurión en el diálogo con Jesús.

El centurión era una persona excepcional. Jesús se maravilló con él, como si le sorprendiera encontrar un gentil con una fe tan sobresaliente. Al centurión podríamos llamarlo: «El hombre que sorprendió al Señor». Contrario a la expectativa común, vemos que los centuriones romanos del Nuevo Testamento son hombres de carácter admirable. Existen varias cualidades sorprendentes en este centurión de Capernaum:

1. **Era un ser humano sorprendente.** Quería mucho a su siervo (esclavo). Muchos militares romanos hubieran dejado que muriera un esclavo enfermo. Este centurión ejerció influencia sobre los ancianos judíos, para los cuales construyó una sinagoga, a que persuadieran a Jesús a sanar a su siervo. Tal compasión viniendo de un militar romano lo señalaba como un hombre de bondad inusual y de carácter profundo.

2. Asimismo, el capitán romano a cargo de mantener el orden en Capernaum era un hombre de generosidad sorprendente. Construyó una sinagoga, por su cuenta, para los judíos. La posición que ocupaba no le exigía semejante generosidad. Los ancianos judíos llegaron a decir que él amaba la nación judía. Muchos romanos cultos ya no tomaban en serio a los dioses del paganismo; algunos habían adoptado la fe judía. Este centurión, aunque tal vez no era proselitista del judaísmo, sin duda lo respetaba y al mismo tiempo creía con sinceridad en Jesús.

3. El centurión era un hombre sorprendentemente humilde. Los ancianos decían que era «merecedor» o «digno» de aquel favor. En su mensaje a Jesús, el centurión dijo: «Señor, no te molestes, pues no soy digno de que entres bajo mi techo». Lo dijo a pesar de ser uno de los ciudadanos más prominentes de Capernaum.

4. Tenía una perspicacia sorprendente. Entendió el secreto de la verdadera autoridad. Como oficial militar, tenía autoridad absoluta sobre sus soldados. Se dice que en la disciplina militar romana los soldados podrían marchar hacia un barranco a menos que oyeran al oficial decir: «¡Alto!» Sin embargo, los oficiales sabios no sobrepasaban su esfera de autoridad. Este centurión sabía lo que era la autoridad, pues él mismo estaba bajo su superior. Es difícil que alguien sepa lo que es la autoridad si no opera bajo la misma. El centurión podría esperar obediencia perfecta de sus soldados; al mismo tiempo estaba preparado para dar el mismo respeto a los que estaban sobre él. El centurión estaba listo para darle a Jesús la obediencia completa y a la vez sabía que todas las fuerzas estaban bajo Su autoridad, el cual estaba bajo la autoridad del Padre. Comprendió que Jesús tenía la autoridad y el poder para decir la palabra y sanar a su esclavo a la distancia. Tal vez había leído el Salmo que dice: «Envió su palabra, y los sanó» (Sal 107.20). La palabra del centurión era terminante sobre sus soldados; la palabra de Jesús sobre todas las fuerzas de la naturaleza y sobre toda clase de circunstancia lo era. El centurión pudo percibirlo.

5. Jesús dijo del centurión: «Os digo que ni aun en Israel he hallado tanta fe». Así como la mujer sabía que si lograba *tocar el manto* de Jesús se sanaría por completo, el centurión sabía, sin lugar a dudas, que si Jesús *decía la palabra* de sanidad, su esclavo recibiría

la sanidad completa; y así fue. Estas dos personas tenían una fe profunda, la mujer necesitaba un toque físico para liberar su fe, pero al centurión sólo le bastó la palabra de Jesús a la distancia para la sanidad de su siervo. Cuando dejó a Jesús para regresar a su hogar, sabía que al llegar encontraría a su siervo gozando de buena salud.

No desestime el contacto físico, la imposición de manos de los ancianos o de alguna otra persona; muchos que oran con regularidad por los enfermos señalan la importancia de un punto de contacto. Algunas personas pueden expresar a solas la oración de fe; a otros les ayuda la oración y la fe de otra persona. Hay una efectividad notable en los resultados de la intercesión en grupo. En un gran avivamiento del Espíritu Santo en una gran ciudad, muchos atribuyeron las sanidades milagrosas a los encuentros matinales donde se enseñaba la verdad de la sanidad bíblica y donde se intercambiaban testimonios de sanidad. Cuando se les impusieron las manos en las reuniones públicas, un gran porcentaje de los enfermos fueron sanados. «Así que la fe es por el oír, y el oír, por la palabra de Dios» (Ro 10.17).

 FE VIVA

En este capítulo hemos estudiado la *sanidad* y la *fe*. Hemos puesto la atención en dos pasajes del Nuevo Testamento acerca de personas que manifestaron una gran fe en el poder de la sanidad y el ministerio del Señor. En estos pasajes podemos hallar muchas alusiones que nos ayudarán a asimilar hoy la sanidad corporal a la que Jesús nos da acceso por su obra de propiciación. Al analizarlos superficialmente, parecería que estos dos sucesos tienen muy poco en común. En ambos casos parece que la fe manifestada es un don de Dios. En ambos casos nosotros creeríamos que esas personas eran de poca fe, sin embargo mostraron una fe sobresaliente: La que Dios otorga. El centurión manifestó un nivel de madurez en la fe que incluso sorprendió al Señor.

Si estas personas —una, la mujer afligida que prácticamente vivía en aislamiento; la otra, un militar que pasaba la mayor parte del tiempo en cuarteles militares— podían poseer una fe tan extraordinaria, no existe ninguna razón que nos impida, a través del estudio de la Palabra y un tiempo de oración diaria, poseer una fe profunda. Podemos llegar a tener la capacidad de asimilar las promesas fieles de Dios. Las promesas de Dios abarcan todas las necesidades posibles del cuerpo y el alma del hombre. Dios no nos condena por tomar medicinas para nuestras enfermedades, ya que Él es el creador de todas las que descubren los hombres sabios. Pero existe una bendición y una unción que se imparten en la sanidad divina que ningún otro medio puede proveer. Podemos cubrir cualquier procedimiento médico con oración y obtener buenos resultados; sin embargo, nada nos acerca tanto a Jesús como oírlo susurrar en lo más íntimo de nuestro ser: «Tu fe te ha sanado».

Lección 5 / La sanidad y la obediencia

El propósito de este capítulo es señalar la relación y la importancia de la obediencia a la sanidad divina así como también al resto de las bendiciones del Señor.

El autor de Hebreos escribió lo siguiente acerca del ejemplo de Jesús en cuanto a la obediencia al Padre: «Y aunque era Hijo, por lo que padeció aprendió la obediencia; y habiendo sido perfeccionado, vino a ser autor de eterna salvación para todos lo que le obedecen» (Heb 5.8-9). Este pasaje hace referencia a la convicción crucial interna de Jesús en Getsemaní: «Si es posible, pase de mí esta copa; pero no sea como yo quiero, sino *como tú*» (Mt 26.39). Si la obediencia incondicional a la voluntad del Padre era esencial para la obra redentora de Cristo, ¡cuánto más importante es la obediencia al Señor de los que buscan sus bendiciones!

Primero examinaremos 2 Reyes 5.1-15 y su énfasis a la obediencia. Abra su Biblia en este pasaje y tome nota de lo siguiente:

¿Quiénes son los personajes principales?

¿Cuál es el mensaje central?

¿Dónde está el eje central de la acción de la fe?

Aquí hay una historia acerca de un gran general de los ejércitos de Siria, pero era leproso. Tenía mucho éxito como líder militar, pero era leproso. Era fuerte y muy apreciado por el rey de Siria, pero era leproso. El mayor deseo del rey y del propio Naamán, el leproso, era librarse de la enfermedad temible y fatal, lo cual era una esperanza fútil. La lepra, una «tipología» del pecado en el Antiguo Testamento, se creía incurable; librarse de esta maldición degradante era, desde cualquier punto de vista, un «sueño imposible».

Sin embargo, Dios en su plan providencial de revelar su poder y majestad al rey sirio y a su corte situó a una muchacha fiel en el hogar de Naamán. La niña israelita tenía la certeza de que si Naamán visitaba al gran profeta Eliseo, de su país, se curaría de la lepra. Hay tres aspectos que se destacan en esta niña: 1) era una creyente devota al Señor Dios, 2) sabía que la pusieron de manera providencial en el hogar del general afligido; y 3) tenía la valentía espiritual para testificar del poder de Dios que salva y sana.

Lea el siguiente párrafo; luego anote tres lecciones que ilustra la sierva.

Todos los que deseamos que Dios nos utilice necesitamos mantener la devoción y la fe en el poder redentor de Dios. Esto se hace mediante la oración, el estudio bíblico y el testimonio frecuente. Además, es importante evitar a todo costo la trampa satánica que nos enredaría en una esclavitud a las rutinas diarias. Debemos mantener la convicción de que somos siervos del Señor y que estamos en el lugar que estamos con el propósito de testificar de su poder y misericordia. Por último, debemos orar con regularidad para que Dios nos dé su victoria sobre el temor y para que nos imparta el don del denuedo y permita que nuestra luz ilumine los lugares oscuros. Si no hubiera sido por el testimonio de la muchacha cautiva, Naamán hubiera muerto de lepra y Siria hubiera sido privada de un gran líder que creyó y exaltó grandemente al Señor. La muchacha judía podría haber sido indiferente por el resentimiento de la cautividad, pero obedeció a Dios y su fidelidad se narra en un libro que se leería durante miles de años. Dios tiene otro libro en el cielo donde escribe de sus hijos obedientes. «Por tanto, nosotros también, teniendo en derredor nuestro tan grande nube de testigos, despojémonos de todo peso y del pecado que nos asedia, y corramos con paciencia la carrera que tenemos por delante» (Heb 12.1).

La sierva ilustra los siguientes principios de testimonio fiel:

1.

2.

3.

Muchas veces Dios pasa por alto a las personas en posiciones de importancia y usa a los humildes a alcanzar sus propósitos. Naamán se presentó a Eliseo mediante el rey de Siria y luego del rey de Israel, pero de ese modo terminó en un callejón sin salida: la total consternación del rey de Israel. Para dicha de Naamán, Dios le reveló a Eliseo la visita del leproso, el resultado fue que Naamán se presentó a la entrada de la casa de Eliseo en espera de que el profeta saliera a su encuentro ceremonialmente, le saludara con la mano y pronunciara sanidad. ¡Qué desilusión! Eliseo no apareció; en su lugar envió un mensajero que le ordenó que se lavara siete veces en el sucio Jordán.

Naamán estaba furioso, tan enojado que casi volvió a casa vacío. Sus sabios ayudantes lo persuadieron a que obedeciera el prerrequisito que el profeta ordenó para la sanidad. Su falta de voluntad inicial a la obediencia casi impide el milagro. Observemos las razones por el desinterés inicial de Naamán en la obediencia;

tal vez veremos un paralelismo con algunas de nuestras tentaciones a la desobediencia que creemos que son exigencias irracionales:

1. En primer lugar, Naamán entendió que meterse en el fangoso río Jordán estaba por debajo de su nivel de dignidad; después de todo, era un general de cuatro estrellas. Su renuencia la motivó su orgullo.

¿Alguna vez se ha rebelado a avanzar o a arrodillarse o permitirle a alguien que le unjan con aceite, o peor que eso, pasar una semana de ayuno y oración?

¿Alguna vez ha evitado admitir que está enfermo o que tiene síntomas de necesidad?

2. Naamán también objetó el procedimiento impersonal. Esperaba una ceremonia en vez de la simple obediencia. Quería que el profeta le preparara una ceremonia más elaborada. Anhelaba una medida de magia espectacular comparable con sus maniobras militares elaboradas. Muchas personas que viajan grandes distancias para que algún evangelista famoso ore por ellos, nunca van al altar de su iglesia. Aunque muchos se sanan en las grandes cruzadas, a veces el Señor nos quiere enseñar que Él está en todos los lugares y que responde a la oración de fe sin hacer acepción de personas ni de lugares. El pacto de sanidad del libro de Santiago nos lleva a creer que el lugar predilecto de la sanidad es la iglesia local.

Examine varias sanidades que aparecen en la Biblia y que muestran la importancia de la obediencia y la liberación.

- María tuvo que permanecer siete días fuera del campamento antes de que la sanidad de la lepra surtiera efecto.
- Cuando a los hijos de Israel los mordieron las serpientes ardientes en castigo a la constante murmuración, se les exigió que miraran una serpiente de bronce sobre una asta para recibir la sanidad de esas mordidas mortales.
- Cuando al rey Ezequías recibió la sentencia de muerte, se le ordenó que se pusiera una cataplasma de higos en su llaga.

Algunos sugirieron que la cataplasma era una medicina que se prescribía a menudo en la antigüedad. Sin embargo, se ve claramente que los higos no curaron a Ezequías; fue el poder divino y la misericordia que prolongaron la vida del rey otros quince años. La aplicación de la cataplasma de higos fue un acto de *obediencia*.

 RIQUEZA LITERARIA

Obediencia, *hupakoe.* De *hupo,* «debajo», y *akouo,* «oír». La palabra significa escuchar atentamente, oír con sumisión condescendiente, asentimiento, y acuerdo. Se la usa para designar la obediencia en general, la obediencia a los mandamientos de Dios, y la obediencia a Cristo.[1]

¿Por qué, en su opinión, Dios le exigió a Naamán que se lavara siete veces en el río Jordán?

¿Por qué cree que María tuvo que ser aislada durante siete días como un acto de obediencia?

¿Por qué cree que el pueblo de Israel tuvo que confeccionar y poner la vista en la serpiente de bronce para liberarse de las mordidas mortales?

Dé una explicación breve sobre la cataplasma de higos que tuvo que poner el rey Ezequías sobre su llaga fatal. ¿Eso fue medicina o un acto de obediencia?

¿Quién es el mejor ejemplo de obediencia al Padre?

El requerimiento de algún acto de obediencia como requisito para la sanidad no es algo que encontramos tan solo en el Antiguo Testamento. El Nuevo Testamento nos da ejemplos de importancia.

Lea Lucas 17.11-19. ¿Cuál es el acto de obediencia que se impone? ¿Cuáles son los resultados?

PENSEMOS EN LA SANIDAD

Hay creyentes que en su estilo de vida violan las normas apropiadas de la dieta y el ejercicio, o abusan de sus cuerpos a través del trabajo y el esfuerzo, o son adictos a sustancias dañinas. Cuando la enfermedad es el resultado de tales abusos, no es probable que el Señor continúe sanando a esa persona; cualquier doctor o cirujano le recomendaría al paciente que abandone esa práctica dañina. Nuestros cuerpos son templos del Espíritu Santo, a quien debemos respetar. Si le pedimos a Dios que sane las enfermedades ocasionadas por el abuso, ¿es disparatado que Él exija el cambio de nuestro estilo de vida como condición de la sanidad?

Otro ejemplo de sanidad por obediencia en el Nuevo Testamento es el caso del ciego en Juan 9.1-12:

1. ¿Cuál es la suposición común pero errada que declaran los discípulos?

2. ¿Qué acto de obediencia demanda Jesús?

3. ¿Cómo lo ocurrido glorificó a Dios, según dijo Jesús? (v. 3)

Veamos la historia:

Primero, la ceguera del hombre desde su nacimiento obviamente no se debió al castigo ni al pecado. La aflicción tampoco fue el resultado de algún pecado cometido por sus padres. Los discípulos de Jesús hicieron conjeturas sobre la ceguera del hombre, si se debía a sus pecados o a los de su padres. Jesús les explicó que este mal era para glorificar a Dios mediante la sanidad por el Hijo de Dios.

Segundo, los que se resisten a los milagros y sanidades divinas diciendo que sólo fueron en los días de Jesús para demostrar la deidad de Dios, no pueden encontrar apoyo para tal doctrina. Jesús explicó que el milagro de sanidad del ciego estaba planeado de manera providencial para demostrar las obras de Dios. Estas necesitan demostrarse en *todos* los tiempos y hoy más que nunca. La deidad de Jesús se demostró para siempre en su resurrección. Pero ahora, las obras de Dios necesitan salir a la luz para que la humanidad alabe y adore a Dios.

Tercero, no se le puede atribuir valor medicinal a la tierra o a la saliva de Jesús, porque la sanidad no ocurrió hasta que se lavó el lodo en el estanque de Siloé. ¿Qué sanó al ciego?, ¿la tierra?, ¿la saliva?, ¿el agua? No. La condición para la sanidad fue el acto de obediencia, la sanidad fue el resultado de la obra del Espíritu Santo y de la palabra de Jesús.

Veamos otro ejemplo en el Nuevo Testamento de sanidad supeditada a un pequeño acto de obediencia, narrado en Marcos 3.1-5.

> Otra vez entró Jesús en la sinagoga; y había allí un hombre que tenía seca una mano. Y le acechaban para ver si en el día de reposo le sanaría, a fin de poder acusarle. Entonces le dijo al hombre que tenía la mano seca: Levántate y ponte en medio. Y les dijo: ¿Es lícito en los días de reposo hacer bien, o hacer mal; salvar la vida, o quitarla? Pero ellos callaban. Entonces, mirándolos alrededor con enojo, entristecido por la dureza de sus corazones, dijo al hombre: Extiende tu mano. Y él la extendió, y la mano le fue restaurada sana.

Este acto de obediencia que Marcos describe involucró mucho menos que en los casos de los leprosos y del hombre que nació ciego. A un hombre con una mano seca se le ordena dar un paso al frente y estirar la mano. Este acto fue, sin embargo, circunstancialmente un poco más complicado que alguno de los otros. Los escribas y fariseos estaban siguiendo y criticando a Jesús; y aquí en su propia sinagoga esperaban ver si Jesús sanaba a alguno el sábado para acusarlo de violar la Ley de Moisés. Los rabinos llegaron a la conclusión de que el arte de sanidad podía practicarse el sábado si era algo de vida o muerte, pero la sanidad de una mano seca no entraba en esa categoría. Jesús podría haber esperado al día siguiente para sanar la mano, pero Él deseaba enseñar que el sábado fue hecho para el hombre y no el hombre para el sábado.

Jesús sabía que los líderes de la sinagoga se opondrían a la sanidad en el sábado, pero también sabía que, siendo el Creador de todas las cosas y de todas las leyes y siendo el Señor del día de reposo (Mc 2.28), sanar al hombre no sólo lo convertiría en una persona plena, sino que también dejaría de mendigar por los caminos. Con un toque divino el hombre recibiría bendición en lo espiritual, físico, económico y social. Jesús se volcó al hombre y le ordenó: «Levántate y ponte en medio». ¿Le obedecerá el hombre contrariando la enseñanza de la sinagoga? La decisión no fue fácil, pero obedeció y se convirtió en una persona plena. A veces los actos de obediencia más simples no siempre son fáciles.

Jesús le dijo a menudo a los enfermos: «Levántate, toma tu lecho, y anda». La obediencia demanda al menos un esfuerzo. Los que se esforzaron, recibieron sanidad. El acto de obediencia más simple se ve en la historia de Juan 5.2-9. Lea sobre el hombre que estuvo enfermo durante treinta y ocho años.

¿Por qué cree que Jesús dijo: «¿Quieres ser sano?»

¿Cree que hoy en día existen personas que realmente no quieren sanidad? ¿Por qué?

ENTRE BASTIDORES

«La última frase del v. 3 y todo el v. 4 [de Juan 5] se omiten en algunos manuscritos griegos antiguos de Juan. Su contenido puede reflejar una creencia popular asociada con el estanque donde se agitaban las aguas (v. 7) a causa de la acción sobrenatural de un ángel. Algunos especialistas creen que el movimiento de las aguas se debía a un manantial intermitente. Independientemente del origen del fenómeno, el testimonio de la gracia sanadora de Dios estaba sin duda presente».²

Hemos estudiado historias con actos de obediencia simples, difíciles, complejos en relación con la sanidad divina. Hemos visto que la obediencia es esencial en nuestra relación con el Señor. Es posible que Dios, como ve todas las cosas desde el principio y sabe perfectamente qué es lo mejor para nuestras vidas, nos demande colocar nuestras vidas en el altar de servicio.

Describa tres ejemplos bíblicos de sanidades en el Nuevo Testamento que demandan algún acto de obediencia.

¿Por qué cree que la obediencia es importante para la vida cristiana?

¿Cuál cree que puede ser la mayor exigencia que Dios le puede hacer a una persona?

FE VIVA

A lo mejor Dios no demanda una respuesta dramática para cada acto de sanidad, como ofrecerse para ir de misionero a alguna tierra lejana. Sin embargo, nuestra entrega al señorío de Cristo requiere que le rindamos la voluntad y procuremos descubrir y conocer su voluntad para nuestra vida. Él siempre pide algún tipo de servicio del creyente verdadero. La vida cristiana no es ser espectador de un deporte. El estadio de los cielos ya está lleno con los que ya han corrido su carrera en la tierra. A los que estamos en la tierra se nos ha dado la posta para correr nuestro segmento de la carrera. Dios no llamó a ninguno para ser un observador de la carrera. Nos invita a proyectarnos en las promesas y a no ser espectador. A veces hará falta una enfermedad o aflicción para despertarnos a la necesidad de profundizar la dedicación y la obediencia.

Hay algunos tipos de enfermedades que para algunos sólo mejoran con intervención médica o quirúrgica. Sin embargo, la utilización de la medicina o la cirugía no eliminan el factor divino de la recuperación. La oración, junto a alguna otra terapia, puede ser una bendición espiritual. Antes que algo tenga éxito, tal vez tengamos que decirle «sí» a Dios.

A través del peregrinaje cristiano de la vida, la palabra clave es *obediencia*.

> Si me amáis, guardad mis mandamientos[...] El que tiene mis mandamientos, y los guarda, ese es el que me ama; y el que me ama, será amado por mi Padre, y yo lo amaré, y me manifestaré a él[...] Respondió Jesús y le dijo: El que me ama, mi palabra guardará; y mi Padre le amará, y vendremos a él, y haremos morada con él. (Jn 14.15,21,23)

Lección 6 / La sanidad divina y la cruz

No existe ningún parecido en la tierra a la maravillosa propiciación de Cristo por nosotros; de la obra completa que Jesús llevó a cabo por nosotros cuando murió en la cruz. Desde antes de la fundación del mundo Él se propuso proveer una cobertura total para todo aquel que crea (1 P 2.24). Sabiendo de antemano que el hombre caería y que su caída traería sobre sí la maldición de miseria, aflicción y muerte, Cristo decidió cargar sobre Él la maldición para dar libertad a todo aquel que crea. Esta «cobertura total» de nuestros pecados y la provisión de todos los beneficios de nuestra salvación, se denomina con frecuencia «expiación». Se refiere a las lecciones y figuras del Antiguo Testamento acerca del Salvador que vendría (Lv 17.11).

 RIQUEZA LITERARIA

Hará expiación, *chaphar.* Cubrir, expiar, reconciliar; apaciguar o aquietar; purgar o limpiar. Este verbo aparece 100 veces. El significado principal de *chaphar* podría ser «cubrir». El verbo se usa en Génesis 6.14, donde se instruyó a Noé a cubrir el arca con brea. La palabra *kippur* (expiación) es un importante derivado. Este término resulta familiar debido a su empleo en la frase hebrea *Yom Kippur,* el Día de la Expiación; véase Levítico 23.27,28. Se le traduce como «apaciguar» en Génesis 32.20 y como «expiar» en Daniel 9.24.[1]

Hay una *amplia* provisión maravillosa en la cruz de Cristo. «Aquí [en 1 Pedro 2.24,25] es nuestro Redentor. La muerte expiatoria de Cristo hace posible nuestra decisión de morir **a los pecados** (arrepentimiento) y vivir para Dios **(justicia).** Según el NT, esto equivale a la conversión en su más amplio sentido y que Pedro describe cuando dice: **por cuya herida fuisteis sanados.** La intención de Pedro al citar Isaías 53.5 es mostrar que la integridad personal —mental, sicológica, física y espiritual— fluye de esta conversión».[2]

La muerte expiatoria de Cristo liberó para los creyentes un manantial de sanidad para la persona, que comprende: la espiritual y la física. El primer Adán hundió a la humanidad en aflicción al cuerpo, la mente y el espíritu; el postrer Adán rescató a la humanidad caída con la sanidad del cuerpo, la mente y el espíritu. La caída fue total; el rescate también fue total. Pero los creyentes son una nueva criatura en Cristo Jesús (2 Co 5.17), ¡en el cual *todas las cosas* «creadas» tienen la posibilidad de volverse nuevas!

La «expiación» total —cobertura— que Jesús nos brindó en la cruz produjo demasiadas bendiciones y beneficios. Escriba una nota personal después de la lectura de los pasajes, tomando nota en cada caso de qué clase de bendición enfatiza y cómo se aplica, o cómo se podría aplicar en este instante a su vida.

1. La bendición de que Jesús se convirtió en el *Salvador* de la humanidad (Mt 1.21).

2. La bendición de que todos los que creen son *justificados* (Hch 13.39; Ro 5.1).

3. La bendición de que podemos recibir *limpieza* mediante la sangre de Cristo (1 Jn 1.7).

4. La bendición de la *santificación* de nuestras vidas y nuestro vivir (Heb 13.12).

5. La bendición de que tenemos acceso a la sanidad divina (1 P 2.24).

6. Se nos ha abierto provisión de bendiciones universales ilimitadas (Jn 14.13; Ef 1.3).

En el principio, después de la caída, Dios prometió la expiación. En Génesis capítulo tres, que describe la caída del hombre, tenemos la seguridad divina de que a Satanás, el causante y perpetrador de la maldición, lo vencería la «simiente de la mujer» (un término que describe al Hijo de Dios encarnado). «Y pondré enemistad entre ti y la mujer, y entre tu simiente y la simiente suya; <u>ésta te herirá en la cabeza,</u> y tú la herirás en el calcañar» (Gn 3.15). La herida del calcañar de Jesús fue su muerte en la cruz mediante la cual obtendría nuestra redención de la maldición y la derrota de Satanás cuyas obras redundan en pecado y enfermedad. Juan dijo que Jesús vino a destruir las obras del diablo: «El que practica el pecado es del diablo; porque el diablo peca desde el principio. Para esto apareció el Hijo de Dios, para deshacer las obras del diablo» (1 Jn 3.8).

El Antiguo Testamento finaliza diciendo en una profecía que Jesús traería sanidad: «Mas a vosotros que teméis mi nombre, nacerá el Sol de justicia, y en sus alas traerá <u>salvación</u>» (Mal 4.2). Aquel a quien Juan llamó la «luz del mundo» vino a la oscuridad del mundo; sus rayos de sanidad son la cura bendita para la culpa del pecado y la opresión de la enfermedad en la humanidad.

En el centro del Antiguo Testamento el Señor ha ubicado la descripción más completa de la obra de expiación de Aquel que sería herido por nuestras iniquidades y azotado para nuestra sanidad. Lea primero Isaías 53.3-12, después piense en el siguiente pasaje tomado de la *Biblia Plenitud*.

INFORMACIÓN ADICIONAL

Isaías 53 claramente enseña que la sanidad corporal está incluida en la obra expiatoria, el sufrimiento y la cruz de Cristo. Las palabras hebreas para «dolores» y «enfermedades» (v. 4) se refieren específicamente a la aflicción física. Esto se verifica en el hecho de que Mateo 8.17 dice que este texto de Isaías se cumple ejemplarmente en los actos de sanidad que efectuó Jesús.

Además, está claro que las palabras «llevó» y «sufrió» se refieren a la obra expiatoria de Jesús, porque son las mismas que se utilizan para describir a Cristo cargado con nuestros pecados (véanse el v. 11 y 1 P 2.24). Estos textos vinculan inequívocamente la base de la provisión, tanto de nuestra salvación como de nuestra sanidad, con la obra expiatoria del Calvario. Sin embargo, ninguna de estas cosas se recibe automáticamente, porque ambas deben ser alcanzadas por la fe. La obra de Cristo en la cruz las pone a nuestra disposición, y las recibimos, según sea nuestra elección, mediante un acto sencillo de fe. Por cierto, unos pocos alegan que la profecía de Isaías acerca de la enfermedad se cumplió completamente mediante las sanidades descritas en Mateo 8.17. Pero un examen más cuidadoso nos revela que la palabra «cumplir» se aplica a menudo a una acción que se extiende a lo largo de toda la era de la iglesia. (Véanse Is 42.1-4; Mt 12.14-17.)[3]

¿ES LA SANIDAD PARA HOY?

¿Cómo sabemos con certeza de que, en base a la muerte de Cristo en la cruz, la gracia sanadora de Dios está disponible para nosotros hoy en día?

1. Podemos tener la seguridad de que la sanidad física se incluye en la obra expiatoria de Cristo, porque la Palabra de Dios lo afirma. Isaías 53.4 [Biblia de las Américas] dice que Él llevó *(nasa)* nuestras enfermedades, y cargó *(sabal)* con nuestros dolores. En los versículos 11 y 12 Isaías utiliza exactamente las mismas palabras —*cargará* y *llevando*— las «iniquidades» y los «pecados». En otras palabras, el acto de salvación y de sanidad están ligados de manera inseparable. Jesús, citando a Isaías en Mateo 8.17, expresa las palabras «enfermedades» y «dolencias». De este modo, Isaías dice que Jesús que llevó y cargó tanto nuestras enfermedades y dolores,

como nuestros pecados e iniquidades. Por lo tanto, si la obra de Jesús en la cruz cubrió nuestros pecados e iniquidades, también dice allí que cubrió nuestras enfermedades y aflicciones.

Mateo 8.16-17 expresa claramente que Jesús dio solución a las enfermedades y aflicciones espirituales y *físicas*: «Y cuando llegó la noche, trajeron a Él muchos endemoniados; y con la palabra echó fuera a los demonios, y sanó a todos los enfermos; para que se cumpliese lo dicho por el profeta Isaías, cuando dijo: Él mismo tomó nuestras enfermedades, y llevó *nuestras* dolencias».

De ahí deducimos que si los enfermos en los días de Jesús eran sanados en base a la profecía de Isaías acerca del sacrificio expiatorio de Cristo *antes de que se llevara a cabo*, podemos estar confiados en que las sanidades están a nuestro alcance hoy en día.

2. Los cristianos de cualquier época pueden confiar en que hay sanidad en la expiación de Cristo pues dio lugar a una redención infinita. Como Jesucristo es infinito, eterno, todo lo que Él hace como Salvador y Sustituto servirá para suplir todas las necesidades de todos los tiempos, hasta que Él vuelva. Lea cada una de las citas siguientes y escriba sus comentarios acerca de lo que se dice de los caminos y promesas inamovibles del Señor:

Malaquías 3.6

Hebreos 13.8

Santiago 1.17

3. Podemos creer que Cristo sana hoy porque la sanidad de los enfermos es una de las señales ciertas que Él prometió que acompañarían a los que creen (Mc 16.17-18). Jesús dijo que una de las señales poderosas que confirmaría la predicación del evangelio a todo el mundo sería que cuando los creyentes impusieran las manos sobre los enfermos, se sanarían. Así como fuimos comisionados a predicar a todas las naciones la muerte salvadora de «Cristo crucificado», tenemos el privilegio de declarar la promesa de la sanidad de los enfermos que tienen fe para creer.

El mismo evangelio que ofrece el poder de Dios para salvación del pecado ofrece también el de sanar la enfermedad. En los Hechos, los apóstoles salieron predicando el mismo evangelio del reino que Jesús les comisionó y acompañados por las mismas señales. Como las mismas señales acompañaron a la iglesia posapostólica, ¿existió alguna vez un corte final? ¡No, Jesús no ha cambiado! Nunca ha habido un momento en la historia de la Iglesia en que el poder de Dios para sanar haya cesado, excepto cuando el nivel espiritual de la Iglesia ha sido bajo. Pero cuando ha vuelto el avivamiento, el poder total y la bendición del Nuevo Testamento ha estado al alcance y se ha manifestado. Esto no quiere decir que el nivel o la cantidad de manifestaciones de sanidad en un medio determinan la medida de la espiritualidad de todos los cristianos, pues algunos simplemente no han recibido enseñanza. Pero donde esta verdad se enseña y recibe, Dios sana a las personas, mientras que creemos y confiamos incondicionalmente en sus promesas.

4. Los creyentes pueden tener la certeza de que el Señor sana hoy porque el mismo Espíritu Santo que el Padre envió sobre la Iglesia en respuesta a la oración del Hijo seguirá morando en ella hasta la Segunda Venida de Cristo. En vista de que el Espíritu vendría a morar, Jesús prometió que la Iglesia haría «mayores obras» que las que Él hizo. Algunos preguntan si «mayores» se refiere a las dimensiones, la calidad o la cantidad. No sabemos, pero sin duda no nos han llamado para limitar las palabras de Jesús. El mismo Espíritu Santo que obró los milagros de Jesús, sigue actuando trayéndonos todas las virtudes de Cristo, y eso incluye sus obras maravillosas de sanidad y liberación.

En el anuncio que Jesús hizo en la sinagoga de Nazaret (Lc 4.18-19) se pone de manifiesto que realizó su ministerio de sanidad mediante el Espíritu Santo. Jesús citó a Isaías (Is 61.1), quien predijo que el Siervo de Jehová vendría en el «cumplimiento del tiempo» a proclamar, en el poder del Espíritu de Dios, buenas nuevas de salvación, sanidad al cuerpo y esperanza para los quebrantados y cautivos de Satanás. Un tema principal de Isaías es: «El siervo ungido de Jehová». Aparece en Isaías 11.1-2 y en 42.1, donde se describe la magnitud total de su misión salvadora y sanadora. La descripción central del Siervo ungido de Jehová se encuentra en Isaías 53, donde se explica con claridad que Él no vendría sólo con poder para establecer un reino, sino que lo haría a través de la cruz, donde ofrecería el sacrificio infinito, adquiriendo salvación y sanidad para todos lo creyentes, cancelando la maldición de Satanás y destruyendo el reino de las tinieblas. La unción del Espíritu Santo fue prometida para llevar a cabo las promesas, hasta su plenitud.

Después Jesús prometió enviar el mismo Espíritu Santo para ungir a la Iglesia (Hch 2.1-4), de manera que mediante la misma unción del Espíritu, multitudes se salvarían y sanarían de todo tipo de dolencias. Lea cada uno de los pasajes siguientes y fíjese cómo obró y qué evidencia tenemos de que hará lo mismo hoy: Hechos 5.14-16; 14.3; 19.11-12.

Jesús prometió enviar su Espíritu Santo como «Consolador», «Parakletos» o «Ayudador». La palabra en griego significa «uno que viene al lado para ayudar». Él todavía está «ayudando» a sanar a los enfermos cuando oye la oración de fe, sanando milagrosa e instantáneamente, sanando a través de un período, ayudando en los procesos de recuperación natural y también ayudando con su gracia la obra de los médicos profesionales.

5. No sólo los enfermos pueden recibir sanidad; la Palabra de Dios parece implicar la provisión y la expectativa de salud continua a través de la cruz de Cristo. El pasaje que parece dar claras evidencias es 3 Juan 2-3: «Amado, yo deseo que tú seas prosperado en todas las cosas, y que tengas salud, así como prospera tu alma. Pues mucho me regocijé cuando vinieron los hermanos y dieron testimonio de tu verdad, de cómo andas en la verdad».

Se ha dicho que las salutaciones se usaban a menudo para desear al destinatario «salud» y «prosperidad», y que la salutación de Juan quizás fue un gesto de cortesía más que una revelación de Dios acerca de la provisión divina de salud para todos los creyentes. Al tomar la Biblia en serio, vemos un paralelo entre la conexión del «alma» y el «cuerpo» con la recepción de los beneficios de la cruz como provisiones de abundancia para todas las gracias. Dios no desea pobreza ni aflicción para sus hijos al igual que no desea el pecado. El Señor ha prometido proveer para todas nuestras necesidades conforme a sus riquezas en gloria.

Sin embargo, no debemos equivocarnos al creer que esta provisión significa que no sufriremos tormentas, ni juicios, ni tribulaciones. Es más, Jesús dijo a sus discípulos que en este mundo sufrirían tribulación. Pedro advirtió a los lectores de su epístola que no se sorprendan cuando les sobreviniera el fuego de prueba (1 P 4.12-13). Se nos recuerda que la tribulación obra paciencia, esperanza, etc. La confianza inamovible del creyente es que Dios no permitirá que pasemos por una prueba que sea superior a nuestra capacidad de triunfo (1 Co 10.13). Podemos abundar más diciendo que todas las cosas ayudarán a bien a los que aman al Señor. Podemos volar más alto y regocijarnos de ser, en Cristo, «más que vencedores» (Ro 8.28-37).

 RIQUEZA LITERARIA

Salud, *hugiaino.* Compare: «higiene» e «higiénico». Estar sano del cuerpo, en buena salud. Metafóricamente, la palabra se refiere a la sana doctrina (1 Ti 1.10; 2 Ti 4.3; Tit 2.1); palabras sanas (1 Ti 6.3; 2 Ti 1.13); y sanidad en la fe (Tit 1.13; 2.1).[4]

Hugiaino es la palabra usada en 3 Juan 2 y que explicamos aquí. Busque las demás referencias que se citan y escriba un párrafo que resuma la gama completa de la «salud» según aparece en estos versículos: física, mental, espiritual.

EL AGUIJÓN DE PABLO

Algunos estudiosos señalan la experiencia del apóstol Pablo como una advertencia a creer que la sanidad divina es un privilegio para los creyentes. Señalan el «aguijón en la carne» como prueba de la enfermedad de Pablo. Han habido muchas teorías que han tratado de explicar cuál era el aguijón de Pablo, sin embargo, no encontramos en ningún lado una aclaración específica al respecto. Sabemos por 2 Corintios 12.7 lo siguiente: 1) Tenía origen satánico («mensajero de Satanás»). 2) Era para protegerlo del orgullo («para que no me enaltezca»). 3) También parecía ser físico («aguijón en la carne»). Le había pedido al Señor que lo liberara, quien le dijo que buscara la suficiencia de la gracia divina. Pablo era un siervo muy especial cuya vida era única. No obstante, nadie debería tomar el «aguijón de Pablo» como argumento contra la gracia divina que sustenta la salud. La gracia *abundó* y abunda en medio de las pruebas, y el caso de Pablo está *a favor* de esta gracia y no en contra.

Lea 2 Corintios 12.1-10 y tome nota de sus propios pensamientos acerca del «aguijón de Pablo» y de lo que significa para usted este pasaje.

Conclusión

Antes de dejarle este pensamiento de la promesa de salud y prosperidad, debería señalarle que todas las provisiones y promesas de Dios son condicionales. Juan extendió su deseo a todos los que caminan y viven en la verdad, lo que significa que viven por completo en la luz que el Señor pone en sus mentes y corazones (vv. 3,4).

Un caso en que el mismo Jesús no sólo prometió la salvación, sino que también se refirió a la sanidad dentro de la «gran salvación», está en Juan 3.14-16. «Como Moisés» se refiere a Números 21.4-9. Examine estos pasajes en conjunto y vea si piensa que este hecho de salvación al que Jesús se refiere es una representación de su obra de redención que involucra tanto a la salvación del pecado como a la sanidad de la enfermedad y la dolencia. Si nosotros hoy tomamos la obra de expiación de Cristo en la cruz como la base de nuestra salvación del pecado, también podemos fundamentar la sanidad de nuestras enfermedades en esa misma obra redentora. Y como su poder para salvarnos del pecado no ha cesado, tampoco ha cesado su poder para sanar nuestros cuerpos.

¿Qué versículos de Isaías 53 prometen que Cristo cargaría y llevaría nuestros pecados y enfermedades en la cruz?

Mencione varios pasajes bíblicos que prometen que el Señor no cambia.

¿Cuáles son algunas de las señales que acompañarán a los que creen?

¿Qué poder le queda aún a la Iglesia que garantiza la permanencia de la bendición de la sanidad?

Durante la historia de la Iglesia, ¿qué condiciones aparecieron en la Iglesia que al parecer redujeron la manifestación del poder de sanidad?

¿Qué condiciones en la vida de la Iglesia parecían renacer las manifestaciones de sanidad?

Si tanto nuestros cuerpos como nuestras almas han sido compradas con el mismo precio, la sangre de Jesús, ¿cómo es que este hecho nos asegura la bendición continua de la sanidad?

¿Qué balance notaría en su creencia acerca de la salud y la prosperidad de los creyentes fieles?

 FE VIVA

En los capítulos anteriores hemos estudiado los pactos de sanidad del Nuevo y del Antiguo Testamentos. Hemos descubierto que la cruz de Cristo es el centro de la revelación divina; hemos visto que la cruz es la fuente de la que salen dos corrientes: una de salvación y otra de sanidad. Hemos aprendido que la fe es la clave para abrir las compuertas de la bendición divina para el alma y el cuerpo. Hemos aprendido que es necesario el arrepentimiento cuando el pecado y la desobediencia han bloqueado la manifestación de las bendiciones divinas de sanidad. Vimos también que la sanidad a veces se demora hasta tanto se brinde la obediencia necesaria.

Esta lección se ha dedicado a analizar la obra expiatoria de Cristo, mostrando que la expiación abrió el acceso a Dios para los pecadores y afligidos que crean. La enseñanza central de este capítulo muestra sin lugar a dudas que, como Cristo en su obra de expiación cargó las transgresiones y las enfermedades, ambas bendiciones se han dado para toda la era de la Iglesia. Todo el que lee las Escrituras con detenimiento debería ver con claridad que la sanidad y la salvación van de la mano hasta que el Señor vuelva; la sanidad no cesó en un momento específico del pasado. Cristo, crucificado y resucitado, «*es* el mismo ayer, y hoy, y por los siglos» (Heb 13.8).

Para la mayoría de los que leen este libro, las verdades no son nuevas, aunque tal vez se den por sentado. Sin embargo, nuestra fe por lo general se fortalece al volver a enfatizar lo que ya conocemos de manera doctrinal. Casi todos tienen al menos algún problema menor de malestar físico o algún síntoma indefinido de una disfunción en el cuerpo. A muchos los pasamos por alto o aliviamos con alguna píldora no recetada. Como nuestros cuerpos son templos del Espíritu Santo, redimidos por la sangre de Cristo, podemos tener la certeza de que el Señor está interesado en la salud de nuestros cuerpos.

Cada día, en nuestros momentos de oración, sería bueno orar por salud y fuerza para ese día. Si tenemos síntomas, también tenemos el privilegio de orar de forma específica por el alivio. Independientemente del tratamiento terapéutico que elijamos, nuestros cuerpos necesitan ser encomendados al trono de la gracia en primer lugar. Cada vez que sentimos el toque de sanidad de nuestro amado Señor, nuestra fe se edifica y crece. Si encomendamos lo pequeño a Dios, es más fácil confiarle los problemas mayores. Si vamos a Dios sólo cuando nuestra necesidad ha alcanzado dimensiones catastróficas, nos va a faltar la fe verdadera para creer.

¡Una advertencia! La oración de sanidad *nunca* debería convertirlo a uno en enemigo de la medicina ni de la asistencia médica como una provisión divina. Por ejemplo, si oramos por un pequeño síntoma que en vez de mejorar se vuelve cada vez peor, deberíamos consultar a un médico. Acudir al médico no elimina a Jesús, el Gran Médico. Ore para que el médico descubra el problema y encuentre una medicina efectiva. Las medicinas dan mejor resultado cuando la fe en el poder de la sanidad divina acompañan la terapia médica. A menudo ocurre la recuperación milagrosa cuando la oración acompaña el tratamiento médico o quirúrgico; para Dios nada es imposible. *Toda* sanidad es de Dios. Satanás desea que la humanidad no disfrute *ninguna* bendición. Así que no existe ninguna otra sanidad que la divina y los cristianos pueden beneficiarse al acudir a la asistencia y recursos médicos. Es más, muchos médicos y cirujanos admiten que confían en Dios para que sus pacientes tengan una pronta recuperación.

Pero debe ir a Dios primero; su poder para sanar es real. Él escucha y contesta la oración. La experiencia de la sanidad directa y divina es una de las experiencias más gloriosas del cristiano. Las bendiciones de sanidad de Dios amplían nuestro testimonio para con los demás. Hay una corriente de sanidad que fluye desde la cruz del Calvario; ¡qué maravilloso es poder sumergirse libremente en las aguas que traen restauración!

Lección 7 / La sanidad divina y la voluntad de Dios

LA VOLUNTAD DE DIOS PARA SANAR DOLENCIAS FÍSICAS

Al determinar si Dios tiene voluntad para sanar enfermedad y dolencia, tenemos tres luces como guía. La primera gran luz es la necesidad, la segunda es la fe personal y la tercera y la más importante es la enseñanza de la Escritura.

Al comenzar nuestro estudio de la sanidad divina y la voluntad de Dios, lea Marcos 1.40-44. El milagro se refiere a la sanidad de un leproso y responde al cuestionamiento acerca de la voluntad de Jesús de sanar enfermos. El leproso no tiene ninguna duda respecto al poder y la capacidad de Jesús para sanar su enfermedad incurable; él dijo: «Si quieres, puedes sanarme». Pero, como tantas personas sinceras, no tenía la certeza de la disposición de Jesús de sanarlo. Su fe en la omnipotencia de Dios era el resultado de su conocimiento de las muchas sanidades que Jesús estaba obrando, así que no le preguntaba si tenía voluntad de sanar en general. ¿Pero sanaría la lepra? Y, más importante que eso, ¿estaba dispuesto a sanarlo a él? Jesús respondió a las dos preguntas, diciendo: «Quiero, sé limpio».

He aquí una expresión bíblica del Salvador declarando su interés por sanar hasta los casos de enfermedad más serios. Algunos, para refutar, dirán: «Pero la sanidad del leproso fue un caso aislado; ¿cómo puede decir que se aplica a cualquier caso y enfermedad?» Observemos que la respuesta de Jesús al leproso parecía ser ejemplar al tema de la «voluntad» de Jesús para sanar. La pregunta de la voluntad aparece sólo una vez; y Jesús respondió a esta pregunta importante así: «[Sí], quiero». Como no se vuelve a ver esta pregunta otra vez, parece claro que Jesús respondió la pregunta para todos nosotros y que el Espíritu Santo lo inscribió en las Escrituras para nuestro entendimiento y asimilación.

Sea como fuere, las Escrituras responden con claridad, sin dejar duda de la obra expiatoria de Cristo en la cruz. Cuando Jesús en la cruz clamó: «Consumado es», proclamó de una vez y por todas la obra de expiación del Redentor que brindó sanidad para el alma y el cuerpo. La profecía de Isaías 53 y la declaración de su cumplimiento en Mateo 8.16-17 dicen claramente que el manantial de expiación vicaria limpió la culpa del pecado y el sufrimiento de la enfermedad para aquellos que crean. Jesús está siempre dispuesto a sanar, porque su redención es para todo el que cree. Cuando las luces de: 1) las Escrituras («Quiero» y «por su llaga fuimos nosotros curados»), 2) la propia necesidad de sanidad, y 3) la fe que Dios nos da están sincronizadas, uno avanza hacia la liberación.

Hay algunos que dicen que toda oración debe acompañarse de la cláusula «si es tu voluntad». Por supuesto que es verdad que nuestras oraciones deben expresar sumisión a la voluntad de Dios: «Sea hecha tu voluntad» es la oración que nos enseñó Jesús. Sin embargo, la provisión de las necesidades basadas en las estipulaciones de un pacto pueden pedirse mediante la obediencia a la promesa del pacto, porque *el mismo pacto es una declaración de la voluntad de Dios*. En el libro de Éxodo (15.26) Dios ha dado un pacto de sanidad en el que se revela a sí mismo como Sanador. Su nombre es «el Sanador»; y como ese es uno de sus nombres, esto revela uno de los atributos de su naturaleza. Lo que Dios es por naturaleza, nunca deja de serlo, pues Él ha declarado: «Porque yo Jehová no cambio» (Mal 3.6).

Igual que con la salvación, una de las condiciones de la sanidad es creer:

«Pero si puedes hacer algo, ten misericordia de nosotros, y ayúdanos. Jesús le dijo: Si puedes creer, al que cree todo le es posible» (Mc 9.22,23). Ya que para recibir sanidad hace falta una fe positiva, ¿cómo puedo ejercitar la fe en una oración que comienza con «si puedes»? ¿Podrían los filipenses, luego de recibir la epístola de Pablo, orar así?: «Señor, si es tu voluntad por favor cubre nuestras necesidades». ¿Podrían los romanos, luego de leer Romanos 10.9, orar así?: «Señor, lo creo en mi corazón, y he confesado con los labios mi fe en tu resurrección; por favor, sálvame, si es tu voluntad». ¿Después de leer la primera carta de Pablo, orarían así los tesalonicenses?: «Hemos leído lo que dice tu apóstol acerca de tu venida y de los que han muerto en la fe; consuela ahora nuestros corazones, si es tu voluntad».

Por supuesto, debemos orar con reverencia; y Jesús nos da un ejemplo excelente en su oración en Getsemaní: «Padre, si quieres, pasa de mí esta copa; pero no se haga mi voluntad sino la tuya» (Lc 22.42). Sin embargo, cuando el Señor nos ha dado una promesa clara, no vacilemos en la fe, cuando al pedir el cumplimiento de la promesa le agregamos «si puedes». Si un empleador le ha prometido a un empleado una bonificación especial, ¿no mostraría una deferencia peculiar o falta de respeto si el empleado le habla a su empleador así?: «Vine a recibir lo que me has prometido *si me lo quieres dar*».

Un pasaje de la Biblia, que a menudo se cita para fundamentar la idea de que todas las oraciones deben acompañarse de la cláusula «Sea hecha tu voluntad», es 1 Juan 5.14: «Y esta es la confianza que tenemos en Él, que si pedimos alguna cosa <u>conforme a su voluntad</u>, Él nos oye». Pero este pasaje no nos dice que oremos diciendo:«Si puedes». Cualquiera que sea la promesa pactada, correctamente interpretada, es nuestro privilegio pedir su cumplimiento. Cuando le pedimos alguna bendición a Dios, primero determinamos que la bendición es una promesa clara de la Biblia, y segundo, nos aseguramos que cumplimos con las condiciones para que se realice la promesa. Ya que la sanidad divina es una promesa de pacto, adquirida por la obra de expiación de Cristo, sólo necesitamos estar seguros de haber cumplido con las condiciones estipuladas.

Por supuesto que hay muchas situaciones en la vida en que uno sabe que no hay una promesa en la Biblia que las cubra. Existen muchas promesas generales, cuyas condiciones de cumplimiento desconocemos o no recordamos. En todas las situaciones de la vida deseamos que Dios esté con nosotros, ayudándonos a superarlas. Debemos orar por todo; y cuando no conocemos con certeza la voluntad de Dios para una situación específica, es adecuado pedirle la revelación de su voluntad. Cuando enfrentamos una decisión de múltiple opción en la que tenemos preferencia, sin duda podemos pedir a Dios que implemente nuestra opción preferida, pero por supuesto debemos incluir: «Si es tu voluntad».

LA VOLUNTAD GENERAL DE DIOS Y CÓMO CONOCERLA

Este es un buen momento para analizar el tema amplio de la «voluntad de Dios». Existen dos categorías en la voluntad de Dios: 1) Su voluntad general, y 2) Sus planes específicos.

La voluntad «general» de Dios se revela claramente en las Escrituras. Si deseamos conocer la voluntad general de Dios, debemos estudiar las Escrituras de forma sistemática. Algunas personas se preocupan por saber si están viviendo dentro de la voluntad de Dios. Si uno es un estudiante fiel de la Biblia y vive de acuerdo con la luz que ha recibido, estoy, en la práctica, viviendo dentro de la voluntad de Dios. La lectura bíblica regular desarrolla nuestro entendimiento de la voluntad general de Dios para nuestra vida. Su contenido se relaciona con la moral, la devoción, la alabanza, el servicio y la comunión.

Pablo cita en 1 Tesalonicenses, por ejemplo, una revelación inspirada que dicta la voluntad general de Dios para la moral cristiana: «Pues la voluntad de Dios es vuestra santificación; que os apartéis de fornicación» (1 Ts 4.3). En otras palabras, no hace falta preguntarle a Dios si uno puede ser infiel a su pacto matrimonial; la Biblia responde este tema en «general» y esta generalidad abarca todos los aspectos de la fornicación.

Otro ejemplo: La voluntad general de Dios, como lo definen las Escrituras, responde de una vez y por todas, cuál debería ser la actitud del creyente con relación al gobierno instituido: «Por causa del Señor someteos a toda institución humana, ya sea el rey, como a superior, ya a los gobernadores, como por Él enviados para castigo de los malhechores y alabanza de los que hacen bien. Porque esta es la voluntad de Dios: que haciendo bien, hagáis callar la ignorancia de los hombres insensatos» (1 P 2.13-15).

Sin embargo, conociendo la *voluntad general* de Dios nos enfrentamos con casos que necesitan su dirección específica. La voluntad específica de Dios se refiere a nuestras decisiones y opciones, como a qué escuela ir, con quién casarse, qué profesión seguir, dónde vivir, con qué iglesia reunirse, qué personas tener como compañía cercana, qué aficiones tener si es que tiene alguna, qué servicio cristiano elegir, cuánto tiempo dedicarle a esa actividad, cuántos niños tener, cómo dividir el tiempo entre el trabajo, el hogar, la iglesia, la comunidad, etc. La voluntad específica de Dios se ilustra en este pasaje tomado de Romanos: «Rogando que de alguna manera tenga al fin, por la voluntad de Dios, un próspero viaje para ir a vosotros» (Ro 1.10).

Conocer la voluntad de Dios para nuestras vidas es importante. El apóstol Pablo lo manifiesta claramente en Efesios 5.15-17: «Mirad, pues, con diligencia cómo andéis, no como necios sino como sabios, aprovechando bien el tiempo, porque los días son malos.

Por tanto, no seáis insensatos, sino entendidos de cuál sea la voluntad del Señor». Si hemos de andar con diligencia, aprovechando bien el tiempo, es esencial que conozcamos la voluntad de Dios para nuestras vidas.

El conocimiento de la voluntad de Dios adquirió importancia para Pablo por el mensaje de Ananías, a quien Dios eligió para darle entendimiento a Pablo acerca de su milagrosa conversión y destino divino: «Y él dijo: El Dios de nuestros padres te ha escogido para que conozcas su voluntad, y veas al Justo, y oigas la voz de su boca» (Hch 22.14).

Es mucho más fácil descubrir la voluntad de Dios cuando vencemos la conformidad con los patrones del mundo: «No os conforméis a este siglo, sino transformaos por medio de la renovación de vuestro entendimiento, para que comprobéis cuál sea la buena voluntad de Dios, agradable y perfecta» (Ro 12.2). Cuando nos entregamos de lleno a la consagración a Dios, caminando en el modelo de Jesús, ponemos en práctica la perfecta voluntad de Dios.

Los beneficios de conocer y caminar en la voluntad de Dios se ponen en evidencia al seguir las gemas de la Escritura. Escriba sus observaciones acerca del contenido de cada versículo en la medida en que se aplica a su vida.

Cuando vivimos como siervos sinceros del Señor y no de los hombres, nos encontramos haciendo la voluntad del Señor, no por la fuerza, sino por amor: «No sirviendo al ojo, como los que quieren agradar a los hombres, sino como siervos de Cristo, de corazón haciendo la voluntad de Dios» (Ef 6.6).

Podemos ayudarnos unos a otros a conocer y obedecer la voluntad de Dios mediante la intercesión de los unos por los otros sobre este tema: «Por lo cual también nosotros, desde el día que lo oímos, no cesamos de orar por vosotros, y de pedir que seáis llenos del conocimiento de su voluntad en toda sabiduría e inteligencia espiritual» (Col 1.9).

ALGUNOS ABC DE LA VOLUNTAD DE DIOS

A. El primerísimo paso esencial en el aprendizaje de la voluntad de Dios en cualquier situación es tener la disposición de hacer lo que Dios mande. Él no nos va a mostrar su voluntad para meditarla. Si uno no está dispuesto a hacer cualquier cosa que Dios mande, la búsqueda del conocimiento de su voluntad será un esfuerzo fútil. Debemos orar: «Señor, muéstrame tu voluntad para que pueda hacerla», y nunca orar así: «Muéstrame tu voluntad para que la pueda considerar». La sumisión total es el primer paso hacia el descubrimiento del centro de la voluntad de Dios.

Jesús abundó acerca de este principio con los líderes religiosos de su época, quienes deliberaban sobre cuál era la voluntad de Dios. Él les declaró esta gran verdad: «El que quiera hacer la voluntad de Dios, conocerá si la doctrina es de Dios, o si yo hablo por mi propia cuenta» (Jn 7.17). Al hablar de «doctrina» Jesús no se refiere a la teología formal, sino a Su enseñanza y estilo de vida que el Padre le dio para entregarlo al mundo: Su enseñanza y conducta eran la voluntad de Dios. Decía que sólo los que obedecen sus enseñanzas las entienden. Los fariseos no deseaban obedecer su verdad; por lo tanto, no la podían entender. No podían conocer la voluntad de Dios, porque no les interesaba obedecerla.

B. El Espíritu Santo es el guía fiel en la vida de los creyentes; sin embargo, habrá ocasiones en que parecerá que procedemos en base a «*razonamiento santificado*». Los cristianos maduros desarrollan sensibilidad e inteligencia espiritual y de ellas dependen para ser guiados hacia el centro de la voluntad del Señor. Pablo describe este razonamiento maduro así: «Hermanos, yo mismo no pretendo haberlo alcanzado; pero una cosa hago: olvidando ciertamente lo que queda atrás, y extendiéndome a lo que está delante, prosigo a la meta, al premio del supremo llamamiento de Dios en Cristo Jesús. Así que, todos los que somos perfectos, esto mismo sintamos; y si otra cosa sentís, esto también os lo revelará Dios» (Flp 3.13-15). Lea Hechos 15.28 y vea cómo se combina la sabiduría del Espíritu Santo cuando se aplica al pensamiento lleno del Espíritu.

C. Otro par de instrumentos que nos ayudarán en la voluntad de Dios son la «experiencia» y la «circunstancia». Cuanto más experimentemos la voluntad de Dios en nuestra conducta o en nuestras decisiones, más fácil será encontrar la norma en la obra de Dios. Luego, en algunos casos, nuestras «circunstancias» indicarán la voluntad de Dios. Habrá momentos en que nuestras circunstancias se cerrarán de modo que sólo tenemos un camino a seguir. Si ese camino no esta fuera de la *voluntad general* de Dios, puede tener un grado elevado de seguridad de que ciertas circunstancias han sido ordenadas providencialmente por Dios.

D. Otra de las guías a la voluntad de Dios en algún tema es el consejo de otros creyentes. Lea Proverbios 11.14 y 15.22. ¿Qué le dice esto?

Si varias personas maduras con experiencia nos dan el mismo consejo en una situación que nos concierne, podemos estar bastante seguros de que el consejo es bueno. En la iglesia primitiva Dios revelaba a menudo su consejo mediante el cuerpo: La Iglesia. (Hch 13; 15).

POR QUÉ AL PARECER ALGUNOS POR LOS QUE SE ORA NO SANAN

Si la sanidad física está incluida en la expiación y Jesús ha declarado su voluntad para sanar, ¿por qué muchas personas sinceras no se sanan? Esta pregunta a menudo surge como un cuestionamiento diligente y otras veces como un desafío incrédulo. Que nadie crea que decimos que otros son «menos salvos» porque no creen en la promesa de sanidad para el presente o porque creen pero no se han sanado. La verdad de la promesa no tiene su fundamento en que la gente la crea o la reciba. Simplemente proclamamos esta verdad y dejamos los resultados a Dios, tal como testificamos o predicamos la salvación de Cristo y dejamos en Él la decisión resultante, ya sea a favor o en contra.

Sin embargo, procuramos humildemente discernir y descubrir

por qué algunos que buscan la sanidad no se sanan. Tal vez el estudio de estos conceptos le ayude.

1. Una de las razones más comunes por la que no se sanan los que reciben oración es la falta de cumplir con las condiciones (véase Éx 15.26). Todas las promesas de Dios son condicionales. Lea el Salmo 1. Vea las promesas de Dios de bendición y prosperidad. ¿Cuáles son las condiciones que debe mostrar la conducta del varón bienaventurado? Fíjese que la bendición se le niega a los que andan en consejo de malos, los que andan en camino de pecadores, que se sientan en silla de escarnecedores. La persona a quien Dios bendecía con salud y prosperidad era la que se deleitaba en hacer la voluntad de Dios y quien había abandonado la vida de los malos. Por una parte, las bendiciones de Dios se supeditan a un estilo de vida de alabanza y servicio, y por otra, ausente de escarnio y egoísmo.

2. La desobediencia es otra razón común que puede provocar la falta de sanidad o de otras bendiciones. El rey Saúl aprendió la lección de la obediencia y el peligro de la desobediencia cuando se rebeló contra el consejo de Samuel, el profeta ungido de Dios. Estudie el incidente que llega a su clímax en 1 Samuel 15.22-23. Vea como la desobediencia dio fin a la bendición de Dios sobre Saúl.

 ### SONDEO A PROFUNDIDAD

La clave para participar de los beneficios de Dios está delineada claramente en Isaías 55.2-3. Observe los verbos clave.

Oídme atentamente, y comed del bien,
Y se deleitará vuestra alma con grosura.
Inclinad vuestro oído, y venid a mí;
Oíd, y vivirá vuestra alma;
Y haré con vosotros pacto eterno,
Las misericordias firmes a David.

En hebreo las órdenes «oídme», «inclinad vuestro oído» y «oíd» son sinónimos de «obedeced». La promesa del pacto era «las misericordias firmes a David», que incluían la sanidad física. Cuando el ciego de Jericó clamó a Jesús para que le diera la vista, imploró su petición con las siguientes palabras: «¡Hijo de David, ten misericordia de mí!» Estaba enterado de que el pacto de compromiso de Isaías ofrecía «las misericordias firmes de David». Vemos que Bartimeo estaba listo para llevar una vida de obediencia por su conducta luego de la sanidad milagrosa: «Y luego vio, y le seguía, glorificando a Dios; y todo el pueblo, cuando vio aquello, dio alabanza a Dios» (Lc 18.43).

3. Algunos oran por sanidad y no la reciben por falta de fe. La condición básica para la sanidad física es la «fe». En el ministerio de Jesús, la sanidad de varias personas fue acompañada por las palabras: «Tu fe te ha salvado» o «te ha sanado». (a) Cuando el paralítico que trajeron a Jesús por el agujero en el techo, se dijo de Jesús: «Al ver Él la fe de ellos». (b) Cuando los discípulos no podían sacarle el espíritu malo a un muchacho, le preguntaron a Jesús por qué no tuvieron éxito. Jesús les respondió: «Por vuestra poca fe». (c) Cuando Jesús se volvió a la mujer que le tocó el borde de la vestidura, le dijo: «Hija, tu fe te ha hecho salva».

Examine cada uno de los siguientes pasajes. ¿Cómo se pone de manifiesto la «fe» como condición para la sanidad?»

Marcos 11.24

Hechos 6.8

Hechos 14.8-10

Santiago 1.6-7; 5.14-16

Uno puede suponer, de acuerdo a lo que vimos sobre la importancia de la fe, que a menos que se tenga una fe extraordinaria, no tiene sentido orar por la sanidad. Pero lo esencial es la fe para orar. Ya que es Dios el que *da* la fe, deberíamos llevarle todas las cosas en oración sin el temor de que nuestra fe es insuficiente. «Nuestra competencia proviene de Dios» (2 Co 3.4-6).

4. A veces la oración no recibe una respuesta inmediata, porque Dios demora la respuesta para enseñar una lección. Algo así parece estar detrás de las palabras de Pablo a los corintios en 2 Corintios 1.3-5. ¿Qué dice que hará Dios mientras atravesamos estas demoras?

Si no recibimos una respuesta inmediata a una oración de sanidad, no deberíamos suponer que Dios no ha obrado, ni que no responderá por completo.

5. Santiago dijo: «No tenéis lo que deseáis, porque no pedís». A veces cuando tenemos una necesidad, <u>deseamos</u> que el Señor la satisfaga, pero no oramos con diligencia por la sanidad. No debemos suponer que somos sólo «mascotas cósmicas» de Dios y que Él suplirá automáticamente todas nuestras necesidades secretas. Preguntémonos: 1) ¿Hemos acudido a Dios con oración diligente? 2) ¿Hemos pedido a otros que oren con nosotros por la sanidad? 3) ¿Hemos acudido a los ancianos de la iglesia, pidiéndoles la unción de aceite y la oración unánime? ¿Por qué deberíamos suponer que Dios va a obrar cuando no lo hemos buscado en oración? Prestemos atención a la sabiduría y la promesa que declara Santiago: «La oración eficaz del justo puede mucho» (Stg 5.16).

6. A veces la oración de sanidad no es efectiva porque hay algún pecado inconfesado y que necesitamos resolver. Esto debe ser cierto, porque en relación con el pacto de sanidad del Nuevo

Testamento leemos: «Confesaos vuestras ofensas unos a otros, y orad unos por otros, para que seáis sanados» (Stg 5.16). Cuando la culpa hierve lentamente en nosotros, se destruye la fe, y sin fe la oración es inútil. Confesemos nuestros pecados a Dios de rodillas. Juan escribió: «Si confesamos nuestros pecados, Él es fiel y justo para perdonar nuestros pecados, y limpiarnos de toda maldad» (1 Jn 1.9). La fe rápidamente llena un corazón limpio. La culpa encubierta puede ser engañosa. Si la fe parece insulsa, haríamos bien en rastrear nuestros corazones con el auxilio del Espíritu Santo para descubrir pecados inconfesados, o el pecado de la incredulidad.

7. Una forma muy destructiva del pecado es la falta de perdón. A la oración de sanidad puede faltarle respuesta si albergamos en nuestros corazones falta de perdón hacia otros. En el Sermón del Monte, según Lucas, Jesús nos enseñó a orar así: «Y perdónanos nuestros pecados, porque también nosotros perdonamos a todos los que nos deben». A esto, Mateo le agregó: «Porque si perdonáis a los hombres sus ofensas, os perdonará también a vosotros vuestro Padre celestial; mas si no perdonáis a los hombres sus ofensas, tampoco vuestro Padre os perdonará vuestras ofensas» (Mt 6.14-15). El pecado de la falta de perdón puede obviarse con facilidad, porque vemos las ofensas como que otros las causan. Pero nuestras oraciones nunca serán eficaces mientras no se resuelvan esos problemas.

8. Finalmente, el cuidado de Dios sobre nuestras vidas puede ser tal que nunca entendamos por qué las promesas pactadas y provisiones no se manifiesten como esperamos. La sabia providencia de Dios está por encima de nuestro entendimiento. Podemos descubrir diversas razones por las que algunos no se sanan. Sin embargo, ninguno debe imaginar que no fue sanado porque no era la voluntad de Dios.

Muchas personas que dicen: «No es la voluntad de Dios sanarme», en seguida acudirán a cualquier otra vía de recuperación. Así que, si dice que la sanidad no es la voluntad de Dios para su vida, podríamos preguntar: ¿Por qué se esfuerza en encontrar la sanidad por cualquier medio? Mas, por supuesto, Dios *quiere* que las personas se sanen y Él sana por muchos medios, incluso el médico. Dejemos de dudar en la voluntad de Dios para sanar. Si un creyente se siente más cómodo con la terapia médica o quirúrgica que con la confianza total en la sanidad divina, que tome esa decisión sin ningún sentido de culpa o fracaso. Pero pidámosle a Dios y confiemos en su poder y promesa de sanidad. Su presencia está en la iglesia, pero también en la clínica o en la sala de operaciones. La sanidad divina directa es una bendición maravillosa que los creyentes deberían desear mucho antes que abandonarla, que deberían explorar todas las razones que hayan impedido que suceda.

 FE VIVA

El más alto logro de la vida cristiana es vivir en el centro de la voluntad de Dios. Recibimos ayuda para alcanzar este objetivo mediante las enseñanzas de la Escritura y al seguir la dirección del Espíritu Santo. Sabemos, por las enseñanzas claras de pasajes bíblicos como Éxodo 15.26; Salmos 91, 103, 107; Isaías 53; Mateo 8.5-17; Santiago 5.13-18, que la voluntad de Dios es sanar nuestras vidas enfermas. Este concepto lo verifican las múltiples sanidades que ocurrieron en el ministerio de los apóstoles y se entiende ampliamente por la innegable presencia del Espíritu Santo en la iglesia actual.

Como la provisión de Dios es para la redención total de la persona, alma y cuerpo, es nuestro privilegio y obligación apropiarnos de la plenitud de las provisiones del Señor, a la medida de nuestro nivel de madurez.

Casi todas las personas que Jesús sanó durante su ministerio terrenal se fueron con regocijo. Si podemos creer en la provisión de Dios para la sanidad y recibirla a plenitud, nuestras vidas no sólo estarán llenas del gozo del Señor, sino que seremos instrumentos para impartir gozo en todos los que nos rodean. «Mirad que ninguno pague a otro mal por mal; antes seguid siempre lo bueno unos para con otros, y para con todos. Estad siempre gozosos. Orad sin cesar. Dad gracias en todo, porque esta es la voluntad de Dios para con vosotros en Cristo Jesús» (1 Ts 5.15-18).

Lección 8 / La sanidad y el don espiritual

El poder del Espíritu Santo es infinito, inconmensurable e inagotable. La manifestación del poder del Espíritu Santo en la Iglesia durante la era cristiana supera nuestros cálculos. Los pecadores redimidos y transformados desde el día de Pentecostés por el poder del Espíritu no pueden contarse. Sería imposible saber la dimensión de los ministerios evangélicos ungidos por el Espíritu. Ningún equipo podría medir el poder del Espíritu que carga de energía a incontables oraciones. ¿Cómo calcularíamos la energía aplicada del Espíritu para restaurar las promesas preciosas de Dios, o para darnos la revelación divina en su totalidad, o para inspirar a los autores humanos de las Sagradas Escrituras, o para dar curso a cada acto creativo o fuerza de sustento de Dios en todo el universo? A pesar de la manifestación del Espíritu, su *potencial inusitado* es un caudal mayor que el de todos los Niágaras del mundo.

LOS DONES DEL ESPÍRITU

Una de las tareas del Espíritu Santo es preparar a los creyentes para la obra del ministerio del evangelio, el discipulado de los que se convierten, la unidad de cuerpo de Cristo, la edificación de los creyentes (Ef 4.8,11-13).

¿Quién es el Dador de los dones mencionados? (v. 8)

¿Cuáles son los oficios que Él da? (v. 11)

¿Cuál es la función de esos ministerios? (v. 12)

¿Cuál es la meta de esta tarea? (v. 13)

 INFORMACIÓN ADICIONAL

Los dones que Cristo da. Distinguir entre los dones de Romanos 12.6-8 (del Padre), los dones de 1 Corintios 12.8-10 (del Espíritu Santo) y los dones aquí mencionados, explícitamente dados por Cristo el Hijo (v. 8), es algo fundamental para la comprensión del alcance total de los dones espirituales.[1]

Mientras hay muchos dones de Dios registrados en varios pasajes bíblicos, los más prominentes son los de Romanos 12.5-8, 1 Corintios 12.1-31 y Efesios 4.8-13; y mientras la Santa Trinidad al parecer da las diversas categorías, es tarea del Espíritu Santo producir la manifestación de los dones. Por ejemplo, los dones de Efesios 4 (los de ministerio o personales), se declaran como dones de Cristo en virtud de su muerte y resurrección. Sin embargo, Pablo, hablando a los ancianos de Éfeso en Hechos 20.28, nos recuerda que fueron puestos en función del ministerio del Espíritu Santo. Pablo, en Romanos 12 (dones del Padre), se refiere a algunos que tienen el don de presidir (liderazgo), cuya función de acuerdo a Hechos 20.28 sería mediante la obra del Espíritu Santo. En 1 Corintios 12.4-6, Pablo menciona dones, ministerios y actividades que emanan del Espíritu, el Señor y Dios: Manifiesta a la Trinidad en actividad combinada.

Hay diversidad de dones [*charismata*], pero el Espíritu es el mismo. Y hay diversidad de ministerios [Efesios 4], pero el Señor es el mismo. Y hay diversidad de operaciones [Ro 12], pero Dios, que hace todas las cosas en todos, es el mismo (1 Co 12.4-6).

Como lo mencionado se refiere a las obras del Espíritu (*pneumatika*, v. 1), todas son capacidades que reciben su energía del Espíritu Santo. El versículo 7 sigue diciendo: «Pero a cada uno [de los mencionados] le es dada la manifestación del Espíritu para provecho [*de todos*]».

Pedro, hablando sobre la mayordomía de la *charismata* en 1 Pedro 4.10-11, dice:

Cada uno según el don que haya recibido, minístrelo a los otros, como buenos administradores de la multiforme gracia de Dios. Si alguno habla, *hable* conforme a las palabras de Dios; si alguno ministra, ministre conforme al poder que Dios da, para que en todo sea Dios glorificado por Jesucristo, a quien pertenecen la gloria y el imperio por los siglos de los siglos. Amén.

Pedro explica con claridad que a la Iglesia se le da dones muy diversos, para que se utilicen bajo el poder del Espíritu Santo. Como la obra de la Iglesia es sobrenatural, no puede hacerse por el simple talento humano. El Señor puede usar los talentos ocultos, que se le dan a los creyentes por naturaleza y por su obra, pero Él unge ese talento con su Espíritu. ¿En qué nos puede ayudar esta realidad? Jesús le dijo a Pedro y a Andrés: «Venid en pos de mí, y os haré pescadores de hombres». Y en el día de Pentecostés, Pedro, el discípulo de Jesús más propenso al error humano, predicó bajo la influencia del Espíritu Santo un sermón que ganó a miles para el Señor. Jesús lo convirtió en un pescador de hombres orando que el Padre enviara al «Consolador». Al Espíritu Santo se le denomina «la promesa de mi Padre» (Lc 24.49) y se declara como el don del Hijo (Jn 15.26; 16.7).

Escriba sus ideas acerca de cómo nos alienta en nuestro propio progreso la forma en que Pedro fue dotado.

Los dones del Espíritu, enumerados en 1 Corintios 12, parecen ser dones en los que se enfatiza la palabra «manifestación». Los corintios eran activos y receptivos a estos dones sobrenaturales. Todas las obras del Espíritu son de carácter sobrenatural, pero varían en cómo se manifiestan u operan. Cuando el Espíritu obra, algo *ocurre*.

- Para algunos dones, el objeto de la operación es simplemente obrar.
- En otros, se pone la atención en hacer.
- Con un tipo de don, una persona puede atender a un amigo o amado hasta que vuelva a estar bien, con dones, habilidad y paciencia dados por Dios (el don de ayuda, o de mostrar misericordia).
- Para otro tipo de don, la persona podrá hacer la oración de fe con las palabras: «¡Levántate y anda!»

En algunos casos, opera el cuidado sobrenatural; en otros, se manifiesta una recuperación sobrenatural. Pero entendamos bien: La Iglesia siempre ha tenido ambos tipos de dones en funcionamiento; ambos dones siempre serán necesarios en el ministerio de la iglesia.

Describa una ocasión en la que sintió que el Espíritu Santo lo utilizó para manifestar su poder a través de la actividad de un don. No tema reconocer tales ocasiones donde hay gracia en acción.

 RIQUEZA LITERARIA

Manifestar, manifestación, *phaneros, phanerosis.* «Poner en claro, visible, iluminar, a la vista, manifestación». Sólo se usa en 1 Corintios 12.7; 2 Corintios 4.2. Se refiere a la función de un don del Espíritu: «aquello que era visible, recibiendo atención»; «llamado a la atención de la presencia del Espíritu de Dios».

Hemos visto que Dios ha provisto muchos dones para la Iglesia. Se pueden encontrar varias listas en el Nuevo Testamento. Como cada lista, extraída de tres libros diferentes, contiene una agrupación diferente de dones, es probable que los que se mencionan se relacionen con las diversas necesidades y experiencias de las distintas iglesias. Varios estudiosos de la Biblia sostienen que las listas del Nuevo Testamento no nombran todos los dones que quizás podría utilizar el Señor. Parece que existe un don para cada tarea que pueda ser útil en la edificación del cuerpo de Cristo. Si existe un tipo de obra o ministerio al que Dios le ha dado su bendición, debe existir un don para dar energía al ministerio o a la obra, pues, como Pedro dice: «Si alguno ministra, *ministre* conforme al poder que Dios da, para que en todo sea Dios glorificado por Jesucristo, a quien pertenecen la gloria y el imperio por los siglos de los siglos» (1 P 4.11).

LA TIPOLOGÍA DE LOS DONES ESPIRITUALES DEL ANTIGUO TESTAMENTO

La mayoría de las bendiciones del Nuevo Testamento tienen su modelo en una tipología del Antiguo Testamento. Examine Éxodo 35.30-35, donde se encuentra el modelo de los dones espirituales.

Para toda destreza o habilidad artística necesaria para la construcción del tabernáculo y de sus muebles, para hacer túnicas, cortinas y la vestidura sacerdotal, etc., se necesitaban trabajadores calificados. Para que pudiera haber una gran compañía de artesanos, se necesitaban maestros. Para llevar a cabo esta tarea, que era un proyecto divino, Dios impartió los dones necesarios para el trabajo y la enseñanza, llenando a algunos del Espíritu Santo. Estos hombres llenos del Espíritu no sólo utilizaron los dones artísticos para hacer objetos de arte, sino que también utilizaron los dones de la enseñanza a fin de preparar a otros. Personas dotadas llevaron a cabo el proyecto completo, quienes al finalizar la obra dieron toda la gloria a Dios.

Señale los hombres que Moisés designó y cuál fue la tarea que les asignó.

Fíjese la capacidad divina que se le dio a cada uno para realizar su tarea. Escriba cómo describe la Palabra de Dios la capacidad de cada uno.

No hay forma de exagerar la importancia de esta dádiva. Dios le dio a Moisés los modelos de todo lo relacionado con la alabanza, como el tabernáculo, el arca del testimonio, los altares, la mesa del pan de la proposición, el trono de la misericordia, las vestiduras sacerdotales, el candelero, las fuentes, etc., todos debieron hacerse exactamente según el modelo divino: «Mira y hazlos conforme al modelo que te ha sido mostrado en el monte» (Éx 25.40). El hecho de que los modelos del tabernáculo del Antiguo Testamento eran una tipología de lo que iba a ocurrir en el Nuevo Testamento se observa en Hebreos 8.5: «Los cuales sirven a lo que es figura y sombra de las cosas celestiales, como se le advirtió a Moisés cuando iba a erigir el tabernáculo, diciéndole: Mira, haz todas las cosas conforme al modelo que se te ha mostrado en el monte».

¿Cree que Jesús tiene un modelo para la «edificación» de su Iglesia? (Mt 16.16-18) ¿Cómo cree que planea preparar a los que participan con Él en este proyecto?

LOS DONES REVELADOS

El Espíritu Santo

El propósito de esta discusión de los dones es mostrar que Dios nos ha capacitado sobrenaturalmente para los ministerios de la Iglesia, ministerios creados para habitar y obrar en la Iglesia durante toda su dispensación. Los términos «Vida llena del Espíritu» e «Iglesia llena del Espíritu» dan por sentado la supervivencia de todos los dones espirituales que se derramaron en la Iglesia durante la era apostólica. La idea de que gran parte del poder original de la Iglesia fue necesario hasta que el «tren eclesiástico empezó a avanzar» es absurda. En estos días postreros la Iglesia va cuesta arriba con la oposición, por lo que la cooperación del «Ayudador» —el poder del Espíritu Santo— es más necesaria que nunca. Sin embargo, no importa cómo teoricemos, los dones siguen obrando. Ninguno se ha perdido o quitado.

Primero, demos un breve vistazo a los dones revelados que parecen poner la mira en las «dádivas» del Espíritu Santo (1 Co 12.7-11).

1. *Palabra de sabiduría.* Es posible que tengamos un ejemplo del ejercicio de este don en el ministerio de Esteban. Examine Hechos 6.3,8-10 y note la evidencia de que la «sabiduría» quizás fue uno de los dones del Espíritu que se manifestó mediante Esteban.

 RIQUEZA LITERARIA

Sabiduría, *sophia.* Sabiduría práctica, prudencia, habilidad, entendimiento penetrante. La instrucción cristiana, una aplicación acertada del conocimiento, un entendimiento profundo de la naturaleza verdadera de las cosas. A menudo, en la Biblia a la sabiduría se la asocia con el conocimiento (Ro 11.33; 1 Co 12.8; Col 2.3). Anticipando nuestra necesidad de ser guiados, de dirección y conocimientos, Dios nos dice que pidamos sabiduría, y nos asegura que nuestra petición obtendrá una amplia recepción (Stg 1.5).[2]

2. *Palabra de ciencia.* La inclusión del término *palabra* en el nombre del don no significa que esto sea necesariamente un don vocal. La palabra griega *logos* no siempre significa la palabra hablada, también significa «idea», «declaración», «discurso», «tema». Si la intención del don fuera vocal, la palabra *rhema* hubiera sido más adecuada. Una descripción bíblica de este don se encuentra en 1 Corintios 1.5: «Porque en todas las cosas fuisteis enriquecidos en Él, en toda palabra y en toda ciencia». Si una «palabra de ciencia» da entendimiento a la Iglesia para poner en práctica una acción, la «palabra de ciencia» debe aclarar los principios de doctrina que fundamentan la acción. Este es el don ideal del maestro ungido.

Lea Hechos 18.24-28. ¿Quién es el que se puede decir que opera bajo este orden de conocimiento «didáctico»?

¿Qué ocurre en Juan 1.48-50; 4.17-18 y en Hechos 5.1-5 que puede describirse como un ejercicio de entendimiento de «revelación?

3. *Fe especial.* Casi todos los que escriben sobre los dones espirituales se refieren a este don como el de «fe *especial*». Todos los que nos convertimos en creyentes, lo hicimos por el ejercicio de la «fe». Pero la fe a la que se refiere este don difiere en medida y aplicación. Esta fe especial entra en acción en el tercer capítulo de Hechos donde Pedro le dice al cojo: «En el nombre de Jesucristo de Nazaret, levántate y anda». La vemos de nuevo en Hechos 14, donde Pablo le dice a otro cojo: «Levántate derecho sobre tus pies». La fe especial a menudo acompaña los dones de «sanidades» y de «hacer milagros»

Mire los dos episodios mencionados (Hch 3.1—4.22 y 14.8-18). ¿Cuál fue el precio que pagaron estos líderes como resultado del ejercicio de los dones?

4. *Los dones de sanidades* son unciones especiales con las cuales Dios permite que los miembros del cuerpo de Cristo sirvan como instrumentos o vehículos para sanar aflicciones y restaurar la plenitud a los creyentes sin el uso de medios naturales. Las sanidades pueden ser físicas, mentales, emocionales o espirituales.

 RIQUEZA LITERARIA

Sanidad, *iamata*. «Sanar» se usa: (a) veintidós veces para el tratamiento físico; en Mateo 15.28 Versión Antigua, «sana»; Versión 1960, «sanada»; también en Hechos 9.34, «sana»; (b) en sentido figurado, la «sanidad» espiritual, Mateo 13.15; Juan 12.40; Hechos 28.27; Hebreos 12.13. En 1 Pedro 2.24 y Santiago 5.16 se utiliza la palabra tanto en sentido físico como espiritual. Lucas el médico la usa quince veces.

El nombre del don es inusual por varias razones: 1) ambas palabras en el nombre están en plural, y 2) el nombre del don es el único que incluye la palabra *charisma*, «don», aunque todos los dones son *charismata* o «dones de gracia». No sabemos con exactitud por qué este don aparece en plural en ambos términos, «dones» y «sanidades». Además, las palabras están en plural en el versículo 28. El énfasis de la pluralidad de las palabras puede significar que hay diversidad de dones de sanidad para los distintos tipos de enfermedades y dolencias. También puede significar que para cada sanidad Dios da un don; esto podría implicar que los dones no se dan a las personas como un don fijo, pero que los dones son para toda la Iglesia y que pueden manifestarse en cualquier momento en respuesta a la fe positiva. Es muy raro encontrar a alguien que dice tener el don de sanidad. Sin embargo, debemos reconocer que algunas personas del Nuevo Testamento como Pedro, Juan, Santiago, y Pablo eran siervos del Señor en quienes los dones de sanidades se manifestaban a menudo. Existen, sin duda, en nuestro tiempo, personas que Dios ha llamado al ministerio de sanidad, a quienes ha dotado de una fe especial.

5. *Hacer milagros.* Este don es dado a la iglesia. Personas ungidas, en momentos providenciales, serían ungidas para hablar o actuar en el nombre del Señor con resultados sobrenaturales. En el Nuevo Testamento, los acontecimientos con poder sobrenatural se denominan «milagros, maravillas y señales» (Hch 2.22,43; 6.8; 8.13). Los *milagros* son «hechos de poder divino»; las *maravillas* son «hechos que causan maravilla»; las *señales* son «hechos que apuntan a algo». Es interesante que la palabra *maravilla* nunca aparece sola. Dios nunca hace un milagro sólo para impresionar o maravillar. Las maravillas de Dios siempre la acompañan una señal que «apuntan a algo». Los verdaderos milagros siempre glorifican a Dios y nos dicen algo respecto de Él y sus propósitos.

Lea Hechos 9.36-42 y Hechos 13.8-12. Describa los milagros que ocurren y nombre a todos los participantes.

6. *Profecía.* La palabra profeta viene de la palabra griega *prophetes,* que deriva de dos palabras: *pro,* que significa «antes», «delante», «por», o «de parte de»; y *phemi,* «hablar». La palabra *prophetes* puede significar «aquel que predice» (habla con antelación), «uno que habla públicamente», o «uno que habla de parte de». Deuteronomio 18.18 define lo que es un profeta del Antiguo Testamento: «Profeta les levantaré de en medio de sus hermanos, como tú; y pondré mis palabras en su boca, y él les hablará todo lo que yo le mandare». Tal parece que hay tres niveles de don profético en el Nuevo Testamento:

1) Una continuidad de la función profética del Antiguo Testamento (Agabo, Hch 11.28; 21.10,11);

2) Uno con el «don de profecía» como equivalente a los de «lenguas e interpretación» (1 Co 14.5); y

3) Cualquier predicación ungida que edifica, exhorta o consuela (1 Co 14.3).

¿Qué profetizó Agabo? ¿Se cumplió?

7. *Discernimiento de espíritus.* El «discernimiento de espíritus» se deriva del griego *diakriseis pneumaton,* «discernir, discriminar o distinguir». Pablo usa la palabra para reprochar el descuido de los corintios que tomaban la Cena sin «discernir» el cuerpo del Señor (1 Co 11.29). El don no es para discernir a las personas, sino a los «espíritus». Pablo dice: «Asimismo, los profetas hablen dos o tres, y los demás juzguen [disciernan cuál espíritu]» (1 Co 14.29). Al parecer, el discernimiento bíblico de profecías no era observado, por lo que Pablo tuvo que escribirle a los tesalonicenses para que no menospreciaran las profecías. Pablo consideraba la profecía sabiamente disciplinada como el más provechoso de todos los dones vocales (1 Co 14.1).

Describa el momento de «discernimiento» que aparece en Hechos 8.23. Los versículos 1-25 narran la historia completa. ¿Cuál fue el resultado?

8 y 9. *Lenguas e interpretación.* Literalmente, «clases de lenguas». Esto podría significar diferentes lenguajes o idiomas de distinta aplicación. De acuerdo a 1 Corintios 14.14-17, el que habla en lenguas, ora (v. 15), canta (v. 16), bendice (v. 16) y da gracias (v. 17). La interpretación es necesaria para que toda la asamblea pueda unirse en alabanza y acción de gracias. Los que hablan en lenguas deben orar para recibir el don de interpretación de manera que toda la congregación disfrute de su beneficio. Otras aplicaciones del don de lenguas: alabanza a Dios inaudible, lenguaje de oración personal y señal para los incrédulos (14.22).

El Padre

Los dones de «MOTIVACIÓN» o «CREACIÓN» enumerados en Romanos 12.3-8

Estos dones parecen enfocar la obra creativa de Dios Padre en cada individuo, a quien se le dará una «mezcla» diferente de los dones siguientes, como parte de su obra creativa en ellos. Por lo tanto, distintas personas encuentran sus «motivaciones» o inclinaciones diferentes de acuerdo a los talentos y habilidades que Dios da (1 Co 12.6,18).

1. Profecía
2. Ministerio (*diakonía*, servicio)
3. Enseñanza (ungida por el Espíritu)
4. Exhortación (Heb 10.25)
5. Dar, de los recursos personales (Ef 4.28)
6. Liderazgo (quien preside)
7. Misericordia (bondad y compasión)

El Hijo

Los dones de MINISTERIO enumerados en Efesios 4.8-11
1. Apóstoles
2. Profetas

3. Evangelistas
4. Pastores y maestros

Tarea: Utilizando una concordancia, conteste lo siguiente:

Nombre al menos tres «apóstoles» aparte de los doce originales.

Nombre al menos tres «maestros» mencionados en el Nuevo Testamento.

Cite dos pasajes donde se mencionan los pastores (también denominados obispos y ancianos).

Combinemos todo

Los dones dispensados por el Hijo de Dios constituyen el fundamento que garantiza que las primeras dos categorías de dones [dones del Padre y dones del Espíritu Santo] se apliquen al cuerpo de la Iglesia. Efesios 4.7-16 no solamente indica que estos dones los ha dado Cristo a la Iglesia de acuerdo con su propósito. El ministerio de los líderes es «equipar» al cuerpo de Cristo ayudando a cada persona: 1) A que perciban el lugar que el Creador les ha reservado, de acuerdo con las cualidades con que los ha dotado, y las posibilidades que la salvación les ofrece ahora para la realización del propósito divino en sus vidas; 2) para que reciban el poder del Espíritu Santo, y comiencen a responder a los dones que cada creyente recibe a fin de expandir sus capacidades innatas en aras de llevar a cabo su ministerio redentor, edificar la Iglesia y evangelizar al mundo.

A la luz de lo anterior, examinemos las siguientes categorías de dones claramente identificadas: los dispensados por el Padre (Ro 12.6-8), el Hijo (Ef 4.11) y el Espíritu Santo

(1 Co 12.8-10). Si bien el análisis va más allá de los dones aquí mencionados, y de la estructura de los dones de la Divinidad a que antes nos hemos referido, el siguiente bosquejo general puede ayudarnos de dos maneras. En primer lugar, nos ayuda a identificar las diferentes funciones y la obra de cada una de las personas de la Trinidad en nuestro perfeccionamiento. En segundo lugar, contribuye a que no confundamos nuestras cualidades innatas en la vida y en el servicio a Dios con nuestra búsqueda consciente de la plenitud del poder y los recursos del Espíritu Santo para servir y ministrar en la Iglesia.[3]

Lección 9 / Todo en el nombre de Jesús

Para toda la humanidad y por todas las edades, el más grande entre todos los nombres es el nombre de Jesús.

Por lo cual Dios también lo exaltó hasta lo sumo, y le dio un nombre que es sobre todo nombre, para que en el nombre de Jesús se doble toda rodilla de los que están en los cielos, y en la tierra, y debajo de la tierra; y toda lengua confiese que Jesucristo es el Señor, para gloria de Dios Padre. (Flp 2.9-11)

Muchos estudiosos identifican a Jehová con el nombre de *Jesús;* en verdad, el nombre *Jesús* es la forma griega de la palabra hebrea que significa «Jehová salva». Podemos encontrar nombres que acompañan al de nuestro Redentor en todo el Antiguo Testamento. T.C. Horton, halló trescientos sesenta y cinco nombres para el Salvador, Jesús, uno para cada día del año (*The Wonderful Names of Our Wonderful Lord* [Los nombres maravillosos de nuestro Señor maravilloso], Logos International, 1925). Es apropiado y sabio investigar las riquezas del nombre de Jesús, pues *en su nombre* los creyentes «sobre los enfermos pondrán sus manos, y sanarán» (Mc 16.18).

 SONDEO A PROFUNDIDAD

Los nombres marcan diferencias en el mundo de la Biblia y los más importantes están asociados con nuestro Salvador. «Y llamarás su nombre JESÚS, porque Él salvará a su pueblo de sus pecados» (Mt 1.21). «Jesús» es la forma griega del nombre hebreo «Josué»; y ambos nombres significan «el Señor es salvación».

Existen cientos de nombres y títulos en la Biblia para Jesucristo, y cada uno es para nosotros una doble revelación. Nos revela lo que Jesucristo es en sí mismo y también lo que Él quiere hacer por nosotros. En *Su nombre es admirable* (Editorial Unilit), Warren Wiersbe dice que cada uno de sus nombres muestra alguna bendición que Él da.

LOS NOMBRES MARAVILLOSOS DE JESÚS

Los nombres de Jesús comienzan con la caída del hombre y su necesidad de un Salvador. En Génesis 3, el Redentor que vendría recibe el nombre de «simiente» de la mujer, quien a su debido tiempo heriría la cabeza de la vieja serpiente.

Más adelante, en el libro de Génesis (49.10), encontramos otro nombre de interés inusual: «No será quitado el cetro de Judá, ni el legislador de entre sus pies, hasta que venga Siloh; y a Él se congregarán los pueblos».

Existe un poco de incertidumbre acerca del significado y derivado de la palabra *Siloh*, pero el estudio resuelve las inquietudes y revela una verdad poderosa.

 RIQUEZA LITERARIA

Siloh, *shiloh.* Siloh era una de las ciudades donde se colocó el tabernáculo (Jos 18.1). Aquí, en el libro del Génesis, parece ser un nombre propio o título, el cual los creyentes generalmente aceptan como una designación mesiánica de Jesús. Su etimología es incierta. Para algunos *shiloh* significa «el pacífico». Según otro punto de vista, *shiloh* es un sustantivo con un sufijo pronominal que debe entenderse como «su hijo»; por lo tanto, los príncipes y los legisladores no se apartarían de Judá hasta que viniera su hijo. Otra posibilidad sería dividir *shiloh* en dos palabras *shay* y *loh*, lo cual indicaría «aquel a quien se le brinda tributo». El significado más probable de *shiloh* es el aceptado por la mayoría de las autoridades judías antiguas, para las cuales se trataba de una palabra compuesta de *shel* y *loh*, que significaba «al que pertenece». En español *Shelloh* podría entenderse como: «a quien pertenece el dominio», «de quien es el reino», «aquel que tiene el derecho a reinar». Véase particularmente Ezequiel 21.27.[1]

A continuación, examinamos Ezequiel 21.27, que dice: «A ruina, a ruina, a ruina lo reduciré, y esto no será *más*, hasta que venga aquel cuyo es el derecho, y yo se *lo entregaré*».

La predicción de Ezequiel es una profecía mesiánica que habla del día en que los gobernadores y los líderes fracasados del mundo pecador se echarán a un lado para que venga el «Rey de reyes y Señor de señores» que establecerá su reino de paz y rectitud. Entonces, *Shiloh,* uno de los nombres más antiguos, originalmente profetizados acerca de Cristo, declara su *derecho* a reinar. ¡Alabado sea su nombre, Él es *digno* de reinar!

La mayoría de los profetas del Antiguo Testamento, a través de sus telescopios de revelación, no vieron la primera venida del redentor. Sólo vieron a aquel que iba a traer la Nueva Jerusalén. Sin embargo, Isaías, el gran profeta mesiánico, lo vio en ambos papeles, como el León que gobierna y como el Cordero que redime.

Isaías vio al Hijo virginal que sería llamado Emanuel, «Dios con nosotros», las cuatro faces de su nombre serían: «Admirable, Consejero» y «Príncipe de paz», y al mismo tiempo sería «Dios fuerte», y «Padre eterno». Contemple los cuatro nombres.

Desde cualquier punto de vista, Jesús es maravilloso. Él es maravilloso en poder, maravilloso en sabiduría, maravilloso en gracia, maravilloso en amor; además, es maravilloso en su encarnación a través de la cual manifestó su amor al identificarse con la humanidad pecaminosa como sacrificio propiciatorio por el pecado y la aflicción.

Describa cómo Jesús ha obrado una «maravilla» en su vida.

Jesús es el Consejero que puede guiar a su pueblo por el camino oscuro y sinuoso. Aquellos que siguen el consejo maravilloso del Guía infalible ya no pueden tropezar con el «consejo de malos». Lea el Salmo 32.8 e Isaías 30.21 y describa dos formas en que Dios nos guiará o dirigirá.

Jesús puede ofrecer la redención perfecta porque Él asimismo es Dios fuerte. Es fuerte en la «creación» (Jn 1.3), en «revelación» (Heb 1.1-2), en salvación (Ef 3.16), en obras (Mt 13.54), poderoso en milagros de sanidad (Ro 15.19). Lea estos pasajes y escriba sus reflexiones de cada uno de ellos.

Jesús es también el Padre eterno. Nunca cambia. Sus bendiciones nunca expiran o se vuelven anticuadas o inaccesibles. Sus milagros de sanidad y transformación acompañarán a aquellos que creen mientras la «buena nueva» no haya alcanzado a toda nación, pueblo, lengua y tribu. Lea Hebreos 13.8 usando este nombre.

En una sociedad plagada de contienda, cuán maravilloso es que Jesús se llame Príncipe de paz. Jesús nos ha dejado un legado precioso de paz, como dice Juan 14.27: «La paz os dejo, mi paz os doy; yo no os la doy como el mundo la da. No se turbe vuestro corazón, ni tenga miedo».

Dedique tiempo para orar con estos nombres y en la oración participe de los recursos específicos que ofrecen. *Todos* son en el «nombre de Jesús». Anote cada uno y al lado escriba una situación o persona en la que usted aplicaría el poder por la fe en ese nombre.

SALVACIÓN EN EL NOMBRE DE JESÚS

Para Isaías era también «varón de dolores, experimentado en quebranto», y por su muerte en sacrificio se convertiría en «herido[...] por nuestras rebeliones, molido por nuestros pecados». El Espíritu Santo guió a los padres de Isaías al nombrarlo «Isaías», que significa, «Jehová es salvación». Él sería el profeta que anunciaría la venida del «siervo sufrido de Jehová», quien sería llamado «Jesús» porque Él «salvará a su pueblo de sus pecados» (Mt 1.21). El hecho de que Isaías veía a Jesús se fundamenta sin lugar a dudas en las palabras de Jesús en Juan 12.38-41, cuyo pasaje concluye con esta oración: «Isaías dijo esto cuando vio su gloria, y habló acerca de Él».

Mucha gente tiene la falsa idea de que la salvación en el Antiguo Testamento se obtenía mediante el cumplimiento de la Ley de Moisés. Esto no es cierto. Antes bien, la Ley de Moisés se dio como modelo para mantener una sociedad o teocracia ordenada.

Dios dio la Ley, no para salvar al hombre del pecado, sino para mostrarle al hombre su pecado. Los requisitos de la Ley eran tales que el hombre, con su naturaleza pecaminosa heredada de Adán y Eva, no podrían guardarla en su totalidad. Por lo general, cuando la gente leía cuidadosamente la Ley, se arrepentían en cilicio y cenizas.

Cuando Adán pecó, lo expulsaron del Edén y se le enseñó que sólo podría acercarse a un Dios santo mediante el sacrificio (Gn 3.15,21; 4.4). Cuando mandaron a Abraham a sacrificar a su hijo Isaac en el Monte de Moriah, obedeció. ¿Por qué estaba Abraham dispuesto a sacrificar a Isaac, según Hebreos 11.17-19? ¿Cuál fue la promesa ganada y la lección aprendida con la intervención de Dios? (Gn 22.10-14)

El sistema mosaico enfatizó la enseñanza del principio de un sustituto prometido y necesario. En Israel, el sumo sacerdote entraba al Lugar Santísimo (el asiento de misericordia) una vez al año para hacer expiación por los pecados del pueblo. La sentencia de muerte se transfería a un animal sin mancha, dándole acceso al redimido a Dios. El cordero inmolado no podía, en efecto, sustituir al pecador. El cordero inmolado era una representación del Cordero infinito de Dios, quien, en el cumplimiento del tiempo, moriría por todos los pecadores que habrían de invocar el nombre de Dios en fe. Vendría como aquel en quien se cree y a través de Él los creyentes del Antiguo Testamento recibirían salvación. Jesús hizo esto en su carácter de Dios, por quien todas las cosas fueron creadas. Como el Cordero de Dios, murió en la cruz, se levantó de entre los muertos y ascendió a la diestra del Padre, y ahora es nuestro gran Sumo Sacerdote. Mediante Él venimos con denuedo al trono de la gracia en su nombre. «De este dan testimonio todos los profetas, que todos los que en Él creyeren, recibirán perdón de pecados por su nombre» (Hch 10.43). Por lo tanto, todo acceso a Dios, tanto para creyentes del Antiguo como del Nuevo Testamentos, es a través nuestro Mediador eterno y perfecto.

Acercarnos al trono de Dios en el nombre de Jesús significa ir ante Él tal como si fuera Jesús el que lo hace. Es por eso que Jesús nos dijo: «Y todo lo que pidiereis al Padre *en mi nombre*, lo haré, para que el Padre sea glorificado en el Hijo. Si algo pidiereis *en mi nombre*, yo lo haré» (Jn 14.13-14).

¿Cómo llegó Jesús a tener el nombre sobre todo nombre? (Flp 2.6-11)

¿Cómo los discípulos conocieron cada lugar donde Jesús se reveló en el Antiguo Testamento? (Lc 24.25-27)

Cite cuatro nombres de Jesús que encuentre en el libro de Isaías.

¿Cuál es el significado dinámico y las implicaciones del nombre *Siloh*?

¿Cómo recibía la salvación la gente del Antiguo Testamento?

SANIDAD EN EL NOMBRE DE JESÚS

Después de estudiar el significado y el poder inherente y residente en el nombre de Jesús según se profetizó, veamos la comisión que nos dio de sanar a los enfermos.

Cuando Jesús envió a los setenta elegidos a anunciar el reino de Dios, les dijo: «Y sanad a los enfermos que en ella haya, y decidles: Se ha acercado a vosotros el reino de Dios» (Lc 10.9). Cuando volvieron de su gira ministerial, reportaron: «Señor, aun los demonios se nos sujetan en tu nombre». Y Él les respondió: «Yo veía a Satanás caer del cielo como un rayo» (Lc 10.17,18).

 INFORMACIÓN ADICIONAL

Los discípulos son instruidos para sanar. Las instrucciones de Jesús a los 70 onviados son claras y directas: «Sanad a los enfermos... y decidles: Se ha acercado el reino de Dios». La venida del reino de Dios y el ministerio de sanidad son inseparables. En 9.1-2 se enfatiza el mismo asunto ante los doce discípulos. La autoridad para sanar ha sido dada a los discípulos de Jesús, en la medida en que estén dispuestos a ejercer los privilegios de ser los mensajeros y los participantes en el reino de Dios. Este ministerio no debiera ser separado de la declaración completa de la venida del reino. El Espíritu Santo se deleita en confirmar la presencia del reino glorificando el poder del Rey, realzando la obra de Cristo a través del ministerio de sanidad. Este ministerio de sanidad se manifiesta en todo el libro de los Hechos de los Apóstoles; y en Santiago 5.13-16 se le declara como una de las responsabilidades de los ancianos en la congregación local.[2]

Uno de los primeros milagros notables de sanidad en el nombre de Jesús en el ministerio de los apóstoles, luego de la ascensión de Jesús, está registrada en Hechos 3.2-7. Lea este pasaje y note: (a) la perspicacia de los discípulos, (b) su respuesta a esta necesidad, y (c) los tres pasos en el ministerio de sanidad.

El resultado de la sanidad del cojo fue inmediata. Estas nuevas se divulgaron en toda la ciudad. Los discípulos pronto se encontraron rodeados de multitudes que querían saber cómo había ocurrido el gran milagro. Tal parece que el cojo era bien conocido, pues pedía limosna a las puertas del templo. Algunos empezaron a asignar el poder milagroso a los discípulos. Lea el versículo 16 y tome nota de la respuesta de Pedro.

Al día siguiente, los líderes y gobernadores llamaron a los apóstoles para que rindieran cuenta de cómo habían sanado al cojo, causando gran expectativa en toda la ciudad. Pedro, quien una vez por temor negó a su Señor, habló con denuedo al concilio. ¿Cuál fue la clave de la explicación de cómo el hombre recibió la sanidad? (Hch 4.9,10)

Los apóstoles atribuyeron el don de sanidad a Jesús y a la declaración de su nombre. Su única función era responder al Espíritu Santo, quien les dio fe especial, y hablaron las palabras en el nombre de Jesús que el Espíritu les reveló. Negaron que el milagro se relacionara a algún poder o piedad de ellos. Eran buenos hombres, pero a la justicia y al nombre de Jesús debía atribuirse el milagro. ¿Qué piensa debería ser su privilegio, dada semejante escena?

Después de apedrear a Esteban (Hch 7), se levantó una persecución fanática hacia la iglesia, esparciendo a muchos fuera de Jerusalén. Entre los que huyeron de Jerusalén estaba Felipe, quien arribó a Samaria y pronto comenzó a predicar. En el Nuevo Testamento, Felipe es caracterizado como evangelista. Un evangelista se especializa en predicar el evangelio de Cristo con vista a ganar almas para Cristo, pero a menudo esta predicación es respaldada por señales y maravillas. Lea Hechos 8.4-8,12 y enumere los tipos de hechos que ocurrieron.

Luego, el Espíritu condujo a Felipe a testificar a una persona que viajaba por el desierto. El evangelista de las multitudes tenía la misma habilidad en el trabajo personal. Ganó al eunuco, predicándole a Jesús a partir del libro de Isaías. Algunos creen que el tesorero etíope llevó el evangelio de vuelta a su tierra y que luego se convirtió en una nación fuertemente cristiana. Felipe tenía el mismo poder al testificarle a muchos o a uno; su mensaje era Jesús, sus predicaciones y oraciones se hicieron poderosas a través del nombre maravilloso de Jesús.

Nuestro estudio del *nombre de Jesús* nos lleva una vez más al pacto de sanidad del Nuevo Testamento en Santiago 5.13-18. El pacto tiene dos partes: la parte de la persona enferma y la parte de la oración de los ancianos. 1) Los enfermos deben acudir a los ancianos; 2) los ancianos deben ungir a los enfermos con aceite y orar por ellos. Lea el texto y describa exactamente *cómo* deben orar los ancianos: (a) ¿qué deben hacer?, (b) ¿en qué?, (c) ¿con qué tipo de oración?

La unción con aceite se llevaba a cabo para indicar que el poder de sanar provenía del Espíritu Santo y no de los ancianos que oraban. La oración en el nombre de Jesús se pronunciaba para afirmar que Jesús, cuyo nombre es sobre todo nombre, es el Mediador que ha dado acceso a todos los creyentes al trono de la gracia. Los enfermos tal vez necesiten confesar los pecados, hacer compensación, orar unos por otros; pero cuando todo lo que frena la fe se haya quitado y se tenga acceso a Dios mediante nuestro Sumo Sacerdote por cuya «llaga fuimos nosotros curados», entonces «la oración de fe salvará al enfermo» (Stg 5.15). De esto tenemos la seguridad debido a que Él lo prometió: «Si algo pidiereis en mi nombre, yo lo haré» (Jn 14.14).

Al principio de este capítulo se hace referencia a las predicciones del profeta Isaías acerca de la venida del «siervo» de Jehová. El profeta declaró el significado extraordinario de varios de los nombres del Mesías. En el capítulo 42, lo llama «mi siervo» y «mi escogido» y el Padre dice «en quien mi alma tiene contentamiento». Ese contentamiento proviene de que su «Siervo» se convertiría en «luz para los gentiles». En Mateo 12.15-23, se cita el pasaje de Isaías.

Jesús les advirtió a las personas que no propagandizaran las sanidades, porque Él no estaba listo para tomar el trono de David; eso ocurriría más adelante. Ahora Él debía revelar su bendición, que fluiría de su gran corazón de amor, tal como el perdón de los pecados y la sanidad a los enfermos. Vino para sufrir y morir, para darnos su redención. Si sus sanidades de compasión se divulgaran muy ampliamente, el pueblo demandaría una corona y vestidura real; Él ahora es el «Cordero de Dios»; luego será el «León de la tribu de Judá».

Este es el tiempo de ir a las naciones con el mensaje de redención; esta es la era en que el evangelio, el mensaje de acceso al trono de misericordia de Dios mediante el *nombre* de Jesús, debe declararse a todos. Uno podría decir que esta es la dispensación de «el nombre». Acceso en el nombre, perdón por el nombre, sanidad por el nombre, toda oración contestada en el nombre, esta es la bendición de la era de la *gracia*. Mateo quería que los lectores supieran que habrá una dispensación en que todas las naciones pondrán su confianza en Uno que sufriría humildemente la salvación del alma y el cuerpo, para la plenitud de la persona. «¡Bendito sea el nombre!»

 FE VIVA

Concluya este capítulo escribiéndole un salmo de alabanza personal a Jesús, magnificando la belleza, la promesa y el poder del nombre de Jesús. No se preocupe en hacerlo rimar ni del estilo literario; simplemente deje que el Espíritu inunde su corazón con palabras de alabanza y exaltación que inspiren la fe.

Lección 10 / La sanidad en el ministerio de Jesús

Jesús prometió responder cuando dos o tres se pusieran de acuerdo y sanar a los perseverantes en la fe. En este capítulo examinaremos muchos de los milagros de sanidad de Jesús con el objetivo de aprender más de cómo se dedica a trasmitir la bendición de la sanidad.

El diccionario define un *milagro* como un «hecho sobrenatural, debido al poder divino. Cosa extraordinaria y que no podemos comprender». Algunas personas que rechazan la existencia de milagros, piensan de estos como sucesos que violan la ley natural. Sin embargo, lo que llamamos «leyes naturales» son sólo nuestro entendimiento limitado de la naturaleza. Si Dios creó toda la naturaleza, lo que llamamos «leyes naturales» son el resultado de nuestro estudio y observación finitos. Dios nunca tiene que violar las leyes, porque el universo es suyo y sus obras y manifestaciones inusuales sólo podrán entenderse y ser accesibles entre sus hijos creyentes. Cuanto más nos aferramos a la Palabra de vida y vivimos según la Palabra escrita, tendremos una experiencia más profunda de las obras poco comunes del Señor.

Examine los siguientes pasajes y vea las distintas palabras que se usan para describir lo milagroso o asombroso.

Juan 4.48

Hechos 2.19,22,43

Hechos 4.30

Hechos 7.36

Hechos 14.3

Romanos 15.19

2 Corintios 12.12

Hebreos 2.4

La Biblia utiliza varias palabras para describir los hechos inusuales y divinos. El término *milagro, señal* y *prodigio* se refieren a aquello que llama la atención, causa asombro y admiración. Los términos *poderes* y *obras* describen acciones divinas que no necesariamente llaman la atención, pero cumplen propósitos divinos por debajo de la superficie. Las *señales* son visibles, llaman la atención; sin embargo, nos dicen algo acerca del significado del suceso. En el Nuevo Testamento la palabra *prodigio* nunca aparece sola; siempre está acompañada de *señal* o *milagro* (señales y prodigios).

Dios nunca hace obras maravillosas sólo para llamar la atención ni para satisfacer la curiosidad. Cuando Dios nos asombra con un milagro, lo cual hace a menudo, siempre es para enseñar o revelar alguna verdad sobre sí mismo o de su forma de obrar en nosotros. Cuando un cojo salta sobre sus pies y camina en respuesta a la oración, eso es un prodigio milagroso; cuando un leproso se sana gradualmente al dirigirse para presentarse al sacerdote, esto es una obra y milagro divinos, pues la lepra era incurable. Si a una persona le dicen que un tratamiento lo va a curar en tres meses y se restaura por completo en una semana, esto es una obra de poder divino, pero quizás no lo denominemos milagro por su cura gradual.

Defina con sus palabras lo que es un milagro.

¿Qué palabras se utilizan en el Nuevo Testamento para describir hechos sobrenaturales?

¿En qué difiere «señal» de «prodigio»?

¿Cuáles son las dos palabras del Nuevo Testamento que definen una obra divina y no necesariamente causan asombro externo?

¿Cómo puede obrar Dios en nuestras vidas sin asombrarnos?

LLAMAN A JESÚS PARA QUE SANE AL HIJO DE UN GOBERNADOR
Comience leyendo Juan 4.46-51. Escriba un pequeño bosquejo de este pasaje.

El primer milagro de Jesús que aparece registrado ocurrió cuando convirtió el agua en vino en una boda en Caná. De regreso a Caná de Galilea, le pidieron que sanara al hijo de un oficial del rey (gobernador) que estaba enfermo en Capernaum, una ciudad en el mar de Galilea a unas dieciséis millas al este de Caná. Capernaum era una ciudad importante, con un centro gubernamental. Jesús dedicó gran parte de su ministerio a Capernaum.

Crece la fe en la familia

Es importante señalar que a Jesús lo llamaban a menudo a ministrar a los miembros de la familia del que suplicaba. Es importante que los padres les enseñen a los niños a confiar en Dios y a tenerlo como fuente de salud y sanidad en respuesta a la oración de fe. Aunque la enfermedad en la familia parezca necesitar la atención de un médico, debe invitarse al Gran Médico a asistir y a superar al médico de la familia. Todo buen doctor sabe que sus procedimientos darán resultados sólo porque el Señor, nuestro Creador, ha puesto en nosotros una capacidad curativa. La oración de fe hará que cualquier procedimiento tenga mejores resultados.

El oficial le rogó encarecidamente a Jesús que fuera a Capernaum a sanar a su hijo. Jesús le dio al noble una ligera represión para probar su fe. El líder religioso representaba a la nación judía, inclinada a creer sólo cuando se manifestaran «señales y prodigios». El noble pasó la prueba y siguió rogándole a Jesús con denuedo. Jesús le dio una segunda prueba y le dijo: «Ve, tu hijo vive».

Recibe la promesa de Jesús sin «verla»

El oficial esperaba que Jesús fuera con él para orar por su hijo. Volver a casa sólo con una promesa demostró su fe en Jesús. Creyó la palabra de Jesús. Muchos dicen: «Yo podría creer en la sanidad si viera un verdadero milagro». La gente que no cree en la Palabra de Dios nunca llegará a creer de verdad. Los milagros visibles pueden fortalecer nuestra fe en las promesas de Dios, pero nunca nos darán por sí solos una verdadera fe en la sanidad. Pedro dijo: «En quien creyendo, aunque ahora no lo veáis, os alegráis con gozo inefable y glorioso» (1 P 1.8).

¿Cuál lección básica encuentra en el estudio de este caso del ministerio de Jesús?

LA SANIDAD DEL SIERVO DE UN SOLDADO ROMANO

Lea Mateo 8.5-13. ¿Qué hecho lo impacta más de este pasaje?

Una sociedad en búsqueda

Los centuriones romanos en el Nuevo Testamento son hombres, en general, de alto calibre y de carácter admirable. (Véanse Mt 27.54; Hch 10.1-2; 21.32; 22.25-26; 23.17-18; 24.23; 27.6,43; 28.16.) Este centurión, como muchos romanos cultos, habían dejado de creer en los dioses del paganismo romano. Habían llegado a la conclusión de que era más lógico el monoteísmo que el politeísmo. Muchos gentiles de la época se habían convertido en prosélitos del judaísmo, o al menos prosélitos.

Un buscador sorprendente

Jesús honró grandemente a este centurión, pues se maravilló de sus cualidades. Se le ha llamado «el hombre que sorprendió al Señor».

- Era sorprendente por su *filantropía* (amaba a su siervo enfermo; la mayoría de los amos romanos hubieran dejado morir a un esclavo enfermo).
- Era sorprendente por su *devoción* (amaba al pueblo del Señor; la mayoría de los romanos odiaban la rebeldía judía).
- Era sorprendente por su *generosidad* (le construyó a los judíos una sinagoga con su dinero).
- Era sorprendente por su *humildad* (los líderes judíos, que lo enviaron a ver a Jesús, declararon que era digno de recibir ayuda; el centurión se consideraba indigno de que Jesús entrara a su casa).

- Era sorprendente por su *entendimiento de los principios de autoridad* (comparó la autoridad de Jesús sobre la naturaleza con la suya sobre sus soldados; por lo cual podía entender el poder de Jesús de sanar con el poder de la palabra).
- Entendió de manera sorprendente que *uno sólo puede entender la autoridad* sobre otros cuando uno mismo está sometido a la autoridad.
- Tenía una *fe* sorprendente (mayor que la que había en Israel, como dijo el salmista: «Envió su palabra, y los sanó»). Aunque el centurión no recibió a Jesús en su hogar, lo recibió en su corazón y en su vida.

Ya Jesús nos ha dado su palabra de sanidad; sólo tenemos que pedir, creer y recibir. ¡Señor, danos una fe como la del centurión!

¿Cómo presenta el Nuevo Testamento el carácter de los centuriones romanos?

¿Cómo explicó el centurión que Jesús podría sanar a su siervo con una sola palabra?

¿Qué principio encuentra en este caso del ministerio de sanidad de Jesús?

SANIDAD EN LA FAMILIA

«Vino Jesús a casa de Pedro, y vio a la suegra de este postrada en cama, con fiebre. Y tocó su mano, y la fiebre la dejó; y ella se levantó, y les servía» (Mt 8.14-15).

Una presencia sanadora

He aquí un milagro de sanidad donde Jesús tomó la iniciativa. Al entrar a la casa de Pedro, vio una mujer enferma, la madre de la esposa de Pedro. Movido por la compasión extendió su mano para aplicar el toque sanador. *Uno no puede apartar de esta historia la idea de que tener a Jesús en nuestros hogares es vivir con su presencia sanadora.* En una época en que la sociedad está abandonando de alguna manera los valores familiares, la iglesia y todo el pueblo cristiano debe mantenerse firme en defensa del hogar como institución dada por Dios para la perpetuación de la sociedad. ¡Qué bendición es ser parte de una familia donde Jesús es un invitado permanente!

Un toque de sanidad

Vale la pena notar que Jesús sanó a la suegra de Pedro al tocarle la mano. Ella se levantó de inmediato y comenzó a servir. Para los que sirven, las manos son de alta estima. Jesús no sólo le restauró la salud, sino además la habilidad de servir, que quizás no sólo era su mayor habilidad, sino también su mayor placer.

Nada en esta vida nos da mayor recompensa, aquí y en la eternidad, que el servicio a otros. En otra historia una mujer tocó la vestidura de Jesús y fue sanada. Aquí Jesús tocó a la mujer y fue sanada. En Santiago 5, los ancianos imponen las manos sobre los enfermos y son sanados. El toque debe ayudar a la fe. En las dos primeras historias los enfermos fueron sanados a distancia por una palabra de Jesús. Existen muchos caminos para la sanidad; la fe es el ingrediente esencial.

¿Cuál es la forma de trasmitir la sanidad enfocada aquí?

¿Cuál principio podríamos adoptar de la forma en que Jesús tomó la iniciativa en la casa de Pedro?

LA SANIDAD DE LOS ENDEMONIADOS

La realidad de la existencia de los demonios

La posesión demoníaca no es un tema placentero; y algunos siguen negando la existencia de estos espíritus. Pero no hay manera de ignorarlos. Jesús creyó en su existencia y sanó a muchos que los atormentaban. Algunos dicen que Jesús daba sus sermones en función a lo que se creía en aquel momento. Pero Él vino a revelar la verdad; es más, Él mismo es la verdad. Además, si la Biblia es la Palabra de Dios para todas las edades, Jesús no hubiera perpetuado una superstición humana para que durante siglos se leyera. Hoy en día, como las enseñanzas del ocultismo barren el mundo, no hay tiempo para negar lo que Jesús enseñó acerca de los seres satánicos. Las manifestaciones de maldad van en aumento en la actualidad y no se pueden reconocer a no ser que uno acepte la existencia de la actividad de los espíritus malignos.

Jesús habló de Satanás y de los espíritus malos. Él encomendó a los discípulos con poder sobre los demonios; los discípulos volvieron gozosos de que los demonios se les sujetaban en el nombre de Jesús. Los cuatro Evangelios contienen experiencias de la expulsión de demonios. Lea la que se narra en Mateo 8.28-34.

La liberación de los endemoniados

Los hombres poseídos por demonios eran tan violentos, que el público evitaba el lugar donde vivían. Cuando Jesús pasó por ahí, los demonios reconocieron su señorío sobre todo y se quejaron. Temían que Jesús hubiera venido a expulsarlos de los hombres. Disgustados por la idea de estar sin cuerpo, le pidieron que los dejara entrar en un hato de cerdos; Él simplemente les desató la atadura que tenían sobre los humanos y les permitió ir a donde podían. Ellos escogieron los cerdos.

El hombre liberado de los demonios le pidió a Jesús seguirle. Él le mandó que volviera a su país y evangelizara, contando la historia de su liberación del control demoníaco. Lo hizo con mucho éxito, pues la gente recibió su testimonio de la persona y el poder de Jesús. Lección: La Iglesia debe dedicarse de nuevo a la guerra espiritual contra la opresión satánica con el arma de la oración. ¡Qué avivamiento vendría si miles pudieran ser liberados de las influencias y los espíritus malos que los motivan! Tome sus notas sobre el procedimiento que aplicó al tratamiento de los debates de los demonios (brusco) y a la atadura demoníaca (cómo lo liberó).

JESÚS LEVANTA A LOS MUERTOS

Mateo 9 nos cuenta la historia de cómo se levantó la hija de Jairo, un principal de la sinagoga. Lea Mateo 9.18,23-26. Bosqueje los detalles esenciales.

En cuanto a un asunto textual

Las historias de Marcos y Lucas expresan que el padre le dijo que su hija estaba a punto de morir. En realidad no hay contradicción. Cuando el principal dejó su hogar, su hija estaba a punto de morir. Jairo (Mateo no da el nombre) le dijo a Jesús ambas condiciones. En camino a la casa de Jairo, Jesús se demoró para sanar a la mujer que tocó el borde de su vestidura (Mt 9.19-22); cuando llegó a la casa del principal, la hija ya había muerto. Jesús le dijo a la familia: «La niña no está muerta, sino duerme». Jesús le dijo lo mismo a María y a Marta cuando no había ninguna duda acerca de la realidad de la muerte de Lázaro. En otras palabras, no hay duda de que la niña estaba muerta y no en coma. En varios lugares de la Escritura los que han muerto en Cristo se dice, en sentido figurado, que duermen (1 Co 15.51; 1 Ts 4.14). Tanto Marcos como Lucas dicen que cuando Jesús oró por ella, «su espíritu volvió».

Determina el dominio de Cristo sobre la muerte

Jesús levantó a varios de entre los muertos. Tenemos a Lázaro (Jn 11) y al hijo de la viuda de Naín (Lc 7), aparte de la hija de Jairo. En el ministerio de Pedro, Dorcas fue levantada de entre los muertos (Hch 9.36-42). En los viajes de Pablo, Eutico fue levantado de entre los muertos después de caerse de una ventana durante un sermón largo (Hch 20.7-12). El mismo Pablo, después que lo apedrearon en Listra, al parecer fue levantado por las oraciones de sus compañeros en la fe, a pesar de que lo dieron por muerto en el lugar donde lo apedrearon (Hch 14.19-20).

En las ocasiones en que Cristo hizo volver de la muerte a las personas, estas no fueron verdaderas resurrecciones sino restauraciones a la vida que habían dejado. En otras palabras, no vivieron para siempre, finalmente tuvieron muertes normales. Pablo nos dice explícitamente que Cristo es «primicias de los que durmieron» (1 Co 15.20). Sin embargo, estos milagros nos muestran a Cristo como el Maestro Supremo de esta y cualquier otra situación en que los poderes de la muerte se infligen sobre órganos humanos, familias, negocios o cuerpos.

Estas historias del levantamiento de los muertos nos muestran que Jesús, quien resucitó de entre los muertos, es el Príncipe de vida, el dador de vida eterna. Aunque finalmente cada uno de los mencionados tuvieron una muerte natural, Jesús resucitó para no morir nunca más. No tengamos ninguna duda respecto a vivir de nuevo, pues ahora mismo estamos situados conjuntamente con Cristo en los lugares celestiales (Ef 2.1-7).

¿Qué promesa puede rescatar de este punto en su estudio?

¿Alguna vez ha oído el testimonio de alguna persona que fue restaurada de la muerte? Si le ocurrió, ¿estaría inclinado a creerlo o no?

 FE VIVA

Lea Mateo 15.22-28. Viendo este caso en que Jesús no responde inmediatamente (porque todavía no estaba ministrando a los gentiles), conteste:

¿Qué podemos aprender de la persistencia?

¿Qué vemos en la compasión sublime de Jesús?

¿Cuál fue la cualidad que incitó la respuesta de Jesús?

¿Cuán difícil parece ser la liberación de demonios cuando la fe está presente?

Un estudio de los milagros de sanidad de Jesús debería afirmar nuestra fe en que su amor y poder son invariables y accesibles para todos los que están en necesidad.

Lección 11 / Sanidades en el libro de Hechos

Lois tenía cinco años, era una niña de ojos vivaces que a menudo cargaba con el impacto de la maldad de otros niños por una razón. Era a principios de este siglo y ella era la hija de evangelistas pentecostales. Para estos pioneros de la fe no era extraño recibir la burla y el escarnio, pero sólo el paso del tiempo certificaría que eran cuerdos, bíblicos y creyentes que exaltaban a Cristo.

Pero esta vez no era maldad, sólo un accidente. Un niño vecino la empujó inocentemente de espaldas dentro de una bañadera llena de agua hirviendo donde estaba en remojo la ropa de la familia. Cuando Lois gritó de dolor y la mujer de la casa, quien estaba hospedando y atendiendo a los evangelistas, la sacó del agua hirviendo. Como estaban en el campo, lejos del pueblo, su familia y la anfitriona se reunieron alrededor de Lois y oraron creyendo que Dios la sanaría; algunas personas del grupo ayunaron y oraron durante varios días.

La pequeña niña estaba cubierta de ampollas y, según los testigos, algunas de ellas tenían la capacidad de una taza de agua. Muchos de los vecinos criticaron a los evangelistas por no buscar la manera de llevarla a un hospital o un médico, aunque la distancia y la falta de conocimiento de la zona eran impedimentos y los centros modernos de tratamiento de quemaduras se desconocían en esos tiempos. Algunos entendidos predijeron que nunca volvería a caminar; otros dijeron: «Llevará las marcas toda la vida». En verdad, bajo circunstancias normales, se debió haber consultado a un médico; sin embargo, lo acontecido ya era un hecho y la familia dio con amor su cuidado y oración.

Fue como una semana más tarde cuando Lois se despertó... el corazón de la niña aumentaba con una fuente de fe que ningún humano puede producir. «Yo voy a caminar en el nombre de Jesús», dijo y se levantó de la cama, comenzó a caminar, y desde ese instante empezó su recuperación asombrosa y total, sin que le quedara una sola marca del incidente. La noticia de su sanidad llegó a lugares distantes; cientos de los que oyeron de la sanidad vinieron a las reuniones de los evangelistas y aceptaron a Cristo. Este episodio es cierto, se trata del testimonio de mi esposa (Nathaniel Van Cleave), quien es ahora una octogenaria saludable y un testimonio constante del amor y la gracia de Dios.

Al volvernos al libro de los Hechos para dedicarnos a un estudio de las sanidades que allí se relatan, comenzamos con un testimonio. ¿Por qué? Quizás el libro de Hechos sólo se trate de estudios, con la conciencia de que este únicamente es el principio del cumplimiento de la promesa que permanece hasta el día de hoy. La promesa es de Cristo: «Y estas señales seguirán a los que creen[...] sobre los enfermos pondrán sus manos, y sanarán[...] Y ellos, saliendo, predicaron en todas partes, *ayudándoles* el Señor, y confirmando la palabra con las señales que la seguían» (Mc 16.15-20).

RIQUEZA LITERARIA

Confirmando, *bebaioo.* Hacer firme, estable, seguro, corroborar, garantizar. Los milagros que acompañaron la predicación de los discípulos confirmaron a la gente que los mensajeros estaban diciendo la verdad; que Dios estaba respaldando el mensaje de ellos con fenómenos sobrenaturales y que una nueva dispensación —la era de la gracia— había llegado al mundo.[1]

INFORMACIÓN ADICIONAL

Muchos eruditos cuestionan la autenticidad de vv. 9-20, fundamentalmente porque no aparecen en los manuscritos más antiguos, y porque su estilo es algo diferente al resto de Marcos. Sin embargo, escritores cristianos del siglo II, como Justino Mártir, Ireneo y Tertuliano, dan testimonio a favor de la inclusión de estos versículos; y las más antiguas traducciones, al latín, siríaco y cóptico, los incluyen. De todas maneras, el pasaje refleja la experiencia y las expectativas de la iglesia primitiva sobre el empleo de los dones carismáticos, pero la cuestión sobre su autenticidad debe permanecer abierta.[2]

Hechos es una procesión de milagros que confirman la promesa de Jesús. Inmediatamente después del relato del derramamiento del Espíritu en el día de Pentecostés (Hch 2), leemos: «Todos se llenaron de temor [asombro reverente], y se hacían muchos prodigios y señales milagrosas por medio de los apóstoles» (Hch 2.43, NVI). Vale la pena resaltar que la preposición griega enfatiza «por medio de los apóstoles», en vez de «por los apóstoles» (*dia* no *huper*). De allí, Hechos 3 cuenta en seguida la sanidad de un mendigo cojo en la puerta La Hermosa, un milagro de sanidad cuyas repercusiones continúan a través de Hechos 4. A partir de aquí, las sanidades y milagros de Hechos pueden clasificarse en cuatro categorías amplias: 1) en las multitudes, 2) por medio de Felipe, 3) a través de Pedro, y 4) mediante Pablo.

SANIDADES EN LAS MULTITUDES

A continuación del ataque de los fariseos debido a la sanidad del hombre en la puerta La Hermosa —habiendo recibido advertencias y amenazas de los principales— la iglesia se reunió para orar por un nuevo denuedo y por un nuevo derramamiento del Espíritu acompañado de milagros de sanidad. Dios les respondió las oraciones abundantemente como podemos ver en Hechos 5.12-16. Lea este pasaje y responda las siguientes preguntas:

¿Cuál era la atmósfera espiritual allí?

¿Cuáles son los distintos tipos de milagros que se llevaron a cabo?

¿Cómo reaccionó la gente?

¿Qué tipo de milagro inusual ocurrió?

¿Cuáles fueron los resultados evangelísticos?

La fe de la iglesia y del pueblo creció tanto que prácticamente cada persona enferma recibió sanidad. El texto no dice que la sombra de Pedro era una técnica de sanidad de los apóstoles; el poder de Dios estaba presente a tal grado que el pueblo creía que sería sanado con o sin la imposición de manos de Pedro. Muchos en nuestro tiempo han testificado que han recibido sanidad inmediata mientras estaban sentados oyendo el ministerio de la palabra.

La Biblia describe tantas formas de recibir las respuestas a la oración, que debemos pensar que la «fe» es un elemento esencial. Sin embargo, existen muchas acciones que ayudan a la fe, tales como tomar las manos en acuerdo, la imposición de manos, la unción con aceite, pañuelos ungidos, etc. Deberíamos cuidarnos de no poner una confianza exagerada en los elementos externos, pero si nos ayudan en la fe, no deben rechazarse, mientras ponemos los ojos en Jesús, el Gran Médico, para que nos dé la liberación.

¿Qué elementos auxiliares a la fe ha encontrado útiles para recibir la respuesta a la oración?

¿Qué episodios de la Escritura puede recordar que ayudaron a la gente a recibir sanidad o respuesta a la oración? (Ejemplos para revisar una vez que responda las preguntas: 2 Reyes 4.3; 2 Reyes 20.7; Marcos 2.4; Hechos 19.12; Santiago 5.14-16.)

LA SANIDAD MEDIANTE EL MINISTERIO DE FELIPE

Los primeros diáconos de la iglesia se escogieron entre los que daban evidencias de fe y sabiduría. Dos de ellos tenían el ministerio de sanidad. Esteban fue mártir por su fe atrevida y Felipe se convirtió en un evangelista cuyo ministerio Dios honró grandemente. Hechos 8.5-8 describe su ministerio en Samaria. Lea el pasaje y responda:

¿Qué trascendencia ve en el hecho de que se estaba ministrando a Samaria? (Compárese con Lc 9.51-56; 10.25-37; Jn 4.1-30.)

¿Qué clase de milagros ocurrieron?

¿Cuál fue el impacto social del avivamiento?

En el ministerio de sanidad de Felipe se hace mención especial a dos clases de sanidades. Se liberaron a muchos de espíritus malos. La posesión demoníaca es muy común donde la alabanza pagana es prácticamente universal. Esta condición prevalece hoy en función de las religiones falsas y ocultistas en un área determinada. Los misioneros dicen que en Sri Lanka casi todos los que se entregan a Cristo deben liberarlos de espíritus malos. Los misioneros de Colombia han dicho lo mismo. Con el aumento actual del mal en nuestra tierra, la atadura y la opresión demoníaca aumentan. Describa el poder del evangelio sobre los demonios según los siguientes pasajes:

Mateo 10.1

Mateo 12.28

Marcos 1.21-25

Los cojos y los paralíticos fueron sanados en gran cantidad en el ministerio samaritano de Felipe. No se sabe si la parálisis era un mal común en esa región, o si Felipe tenía una fe especial para orar por los paralíticos. La sanidad de un paralítico llamaría más la atención que la de males internos. Parece que las sanidades atrajeron a las masas y multitudes aceptaron a Cristo. El ministerio de Felipe a los samaritanos marcó un paso de avance en el progreso del judaísmo a un evangelio para todo el mundo, pues los samaritanos eran mezcla de sangre judía y gentil. El éxito de Felipe fue el resultado de la semilla que Jesús plantó en Samaria y una evidencia de la destrucción de la discordia étnica mediante el amor de Dios.

LA SANIDAD A TRAVÉS DEL MINISTERIO DE PEDRO

Jesús profetizó que les daría a sus discípulos el Espíritu Santo y que paso a paso los haría testigos al mundo entero: «Pero recibiréis poder, cuando haya venido sobre vosotros el Espíritu Santo, y me seréis testigos en Jerusalén, en toda Judea, en Samaria, y hasta lo último de la tierra» (Hch 1.8). Los apóstoles establecieron los cimientos en Jerusalén; Felipe evangelizó Samaria. Ya había llegado el momento de extender el evangelio a los gentiles. La persecución dispersó a los apóstoles desde Jerusalén hacia regiones romanas, y Dios pronto iba a transformar a Saulo de Tarso en un apóstol de los gentiles. Pero Dios usaría a Pedro para ser el primero en llevar el evangelio a los romanos. Las escalas de Pedro en Lida y Jope fueron las primeras en una travesía que lo llevaría a Cesarea y a la casa de un romano llamado Cornelio.

Sanidad en Lida

Cuando estuvo en Lida (Hch 9.33-35), Pedro vio que un paralítico necesitaba a Cristo. Describa lo acontecido.

Eneas era bien conocido en Lida (la actual Lod) como un hombre afligido. Con su sanidad, las nuevas del evangelio se difundieron a lugares remotos. Lucas dice que todos en Lida y Sarón se convirtieron debido al milagro que Dios usó para abrir puerta en la región.

Los milagros de sanidad abrían puertas a la predicación del evangelio. Algunos insisten que la sanidad se dio sólo para la era apostólica, insistiendo que los milagros de sanidades ocurrieron para abrir puertas al evangelio, diciendo que la función de los milagros de sanidades era tan solo autenticar la deidad de Cristo y la validez del evangelio y que no harían falta después de esa era. Pero el evangelio aun no ha alcanzado toda la tierra; por lo tanto, aún es necesaria la manifestación de lo sobrenatural para abrir puertas.

No obstante, por otro lado, al estudiar de cerca las sanidades se verá que muchas no tenían relación con «abrir puertas» y que eran una manifestación de la misericordia y compasión del Señor. En varios de los milagros de sanidad de Jesús, el texto dice que Él fue movido a compasión. Entendamos esto: Jesús no le dio un corte al fluir de su misericordia y compasión cuando finalizó la era apostólica. Es más, la Biblia ni siquiera menciona la «era apostólica». Cuando Jesús dijo: «Estas señales seguirán a los que creen», no agregó: «hasta que mueran los apóstoles». Mientras haya predicadores que crean en la Palabra y crean que Jesús es el mismo, existirán los milagros de sanidad: Algunos que deben abrir las puertas, algunos que tienen la compasión de Cristo, algunos que obedecen la exhortación apostólica de Santiago de imponer las manos en los enfermos.

Tome un momento para reflexionar sobre la «compasión como una motivación para el ministerio de sanidad». «Poder», «excitación» y «evangelización» a menudo son ideas que ocupan nuestra mente con las señales y prodigios, pero el ministerio de compasión debe considerarse con detenimiento. ¿Qué cree usted? Escriba su respuesta.

La sanidad en Jope (Hch 9.36-43)

Cuando Pedro ministró en Lida con el resultado de que todo el pueblo aceptó a Cristo, fue requerido en Jope para orar por una encantadora mujer que había muerto. Su nombre, Dorcas, significa «gacela». Ella quizás recibió ese nombre porque era muy activa y delicada. Dorcas, cuyo equivalente griego es Tabita, trabajaba sin descanso, haciendo ropa para las viudas de la región. Todo el pueblo la amaba. Cuando murió, tal vez por trabajar en exceso, la ciudad completa lloró. Después que oyeron del milagro de sanidad de manos de Pedro en Lida, le rogaron que viniera a orar por Dorcas en Jope.

Pedro respondió a las peticiones. Cuando llegó, encontró a la casa llena de viudas que lloraban la muerte de su benefactora. Dorcas amaba a las personas; y ellas reciprocaron ese amor. Pedro sacó a todos de la habitación, hizo la oración de fe y dijo: «Tabita, levántate», y la tomó de la mano y levantándola, la presentó viva. ¡Qué hermoso regalo para las viudas de Jope! Como resultado de este milagro, en realidad una restauración a la vida, muchos en Jope se unieron con los vecinos en Lida y Sarón como creyentes cristianos consagrados.

La visita de Pedro a Jope lo preparó para responder a la invitación que le haría Cornelio, el centurión romano en cuya casa Pedro guiaría al primer grupo gentil al conocimiento de Jesús el Salvador. Lo que ocurrió allí dio cumplimiento a la profecía de Jesús acerca de la proyección del mensaje del evangelio.

¿Qué tienen en común los pasajes siguientes con Hechos 9.36-43?

Lucas 7.11-17

Lucas 8.48-56

Juan 11.38-44

LA SANIDAD EN EL MINISTERIO DE PABLO

Mientras Pedro ministraba en la región cercana a la Cesarea romana, Saulo de Tarso se convertía milagrosamente a Cristo. La providencia divina estaba moldeando un instrumento que cosecharía los campos blancos del Imperio Romano. Después de su conversión (Hch 9.1-31), su retiro espiritual en Arabia y de recibir la bendición de la comunión de los líderes de la iglesia, Saulo se unió a Bernabé en Antioquía, que sería la base misionera desde donde llevarían el evangelio a Roma e incluso más lejos (Hch 11.19-30; 12.25—13.5).

Sanidad en Chipre

Primero, Pablo y Bernabé ministraron en Chipre donde tuvieron un milagro a la inversa, si es que hay tal cosa. Un mago llamado Elimas trataba de corromper la mente del procónsul Sergio Paulo. Pablo, guiado por el Espíritu, reprendió al espiritista que, por consiguiente, quedó ciego. El procónsul, viendo el juicio divino sobre el agente de Satanás, se aferró al Señor de todo corazón. Lea Hechos 13.4-12. ¿Qué le impresiona más al leer sobre esta obra de poder?

Sanidades en Iconio

A continuación, Pablo y Bernabé ministraron el evangelio en Antioquía de Pisidia e Iconio (Hch 13.13—14.6). Se quedaron largo tiempo en Iconio donde Dios les dio «prodigios» para interesarlos y «señales» para mostrarles la misericordia y la bondad del Señor. Pudieron ganar muchas almas de entre los judíos y los gentiles.

Sin embargo, la persecución de los judíos y los líderes gobernantes incrédulos forzó a los apóstoles a huir a Listra para evitar que lo apedrearan. Lea Hechos 14.1-7. A la luz del versículo 3, «el cual daba testimonio a la palabra de su gracia», escriba sus pensamientos comparando la gracia de Dios que nos sana con la gracia que nos salva del pecado.

Sanidad en Listra

El primer milagro descrito e identificable de Pablo ocurrió en Listra. Lea Hechos 14.8-20.

¿De qué sanó?

¿Qué motivó el llamado de Pablo a la salud?

¿Qué motivó la fe del hombre?

¿Cómo reaccionó la gente?; luego, ¿cómo reaccionaron los apóstoles?

¿Qué dos elementos concluyeron la historia?

El hombre sanado en Listra, otra vez, era un paralítico, un renco que nunca había caminado. Hacía falta un milagro en Listra para abrir la puerta del evangelio. De nuevo la sanidad del hombre, muy conocido en la ciudad, fue notoria. Cuando Pablo vio al hombre, Dios le dijo al apóstol que el cojo tenía fe para creer. Y Pablo de inmediato le ordenó al hombre: «Levántate derecho sobre tus pies». Cuando el cojo saltó sobre sus pies por primera vez, la gente perdió la compostura. Los paganos de Listra pensaron que Pablo y Bernabé eran dioses que habían descendido a la tierra, Zeus y Hermes (en la mitología romana, Júpiter y Mercurio), y comenzaron a adorarlos y a ofrecerles sacrificio. Con mucha dificultad lograron frenarlos. A pesar del milagro, los judíos y otros que se oponían a la fe, apedrearon a Pablo y lo dieron por muerto. (Los grupos cristianos de Antioquía de Pisidia, Iconio, Listra y Derbe son las iglesias a las cuales Pablo escribió como gálatas. Su vacilación se describe en la epístola de Gálatas.)

Sanidad en Filipos

El siguiente milagro de sanidad de Pablo ocurrió en Europa, en Filipos. Por cierto, la liberación de la adivinadora, a quien explotaban hombres inescrupulosos para ganancia financiera, provocó que encarcelaran a Pablo y a Silas. Lea Hechos 16.16-34.

Describa las reacciones primeras y postreras de Pablo hacia la muchacha endemoniada.

¿Qué conclusión saca de sus gritos, o sea, el objetivo del demonio?

¿Cuáles son los cinco hechos clave que derivan de la liberación?

Pablo soportó varios días la adivinación de la muchacha sobre su ministerio. Satanás la usaba para desacreditar el ministerio de Pablo, haciendo pensar a la gente que el apóstol estaba asociado, de alguna manera, con un plan de adivinación. Si Satanás no puede vencernos, tratará de ponernos su emblema. Los explotadores vencidos lograron mandar a los apóstoles a la cárcel, pero Dios los sacó; y se ganó para Cristo una hermosa familia. La encarcelación detrás de las rejas quizás desanime a algunos, pero el canto de Pablo y Silas abrieron esas rejas. El mundo nunca le vencerá si no silencia su canción (Ef 5.18-19).

<u>Sanidades en Éfeso</u>

El ministerio de sanidad más importante de Pablo fue ejercido en Éfeso:

> Y hacía Dios milagros extraordinarios por mano de Pablo, de tal manera que aun se llevaban a los enfermos los paños o delantales de su cuerpo, y las enfermedades se iban de ellos, y los espíritus malos salían.
>
> (Hch 19.11-12)

De este pasaje se desprende la ocasional práctica actual de enviar pañuelos ungidos a los enfermos. El pañuelo no tiene ningún poder curativo; simplemente es una ayuda a la fe, un punto de contacto. El paño ungido puede apoyar la fe del que envía y del que recibe; la fe del anciano que unge el paño también puede aumentar. Esto es un asunto de dos o tres que se ponen de acuerdo en el nombre de Jesús. Cuando hay unidad, Dios bendice la fe.

No sólo los enfermos y afligidos recibieron sanidad bajo el ministerio de Pablo en Éfeso, sino que también se expulsaron demonios. Éfeso era un centro de culto pagano, no sólo el culto a Diana, sino también todo tipo de práctica ocultista. Multitudes que habían dado acceso a Satanás mediante sesiones espiritistas estaban poseídos y oprimidos por los espíritus malos. El exorcismo de los espíritus demoníacos era un aspecto del ministerio amplio de Pablo.

Lea Hechos 19.1-28, notando especialmente: (a) los versículos 17-20, y luego (b) los versículos 23-28, y evalúe el ministerio de Pablo en Éfeso y la respuesta general de las multitudes. Compare sus observaciones con la respuesta de las personas al poder del evangelio de hoy en día.

Aquí, en Éfeso, la mayor parte del ministerio de sanidad de Pablo se define como «milagros extraordinarios». Eran extraordinarios en efectividad y en cantidad. El ministerio efesio de Pablo fue el de más éxito y duración. Por más de dos años, el evangelio alcanzó la mayor parte de la región conocida como Asia (Hch 19.10). Era tan grande la comunidad cristiana en Éfeso, que muchísimos hogares cristianos tuvieron que usarse como centros de reunión y alabanza.

¿Cuántos pasajes bíblicos relacionados con el exorcismo de espíritus demoníacos puede encontrar mediante una concordancia?

¿Qué clase de ayuda encuentra en Efesios 6.10-20 para la derrota de los poderes satánicos?

Sanidades en Malta

En Cesarea, Pablo, un ciudadano romano, apeló al César para escapar de la furia de los judíos. Ante el rey Agripa pudo contar su testimonio de conversión y de la revelación del propósito divino para su vida (Hch 26.15-19).

Antes de que Pablo escribiera la epístola a los romanos, sintió una fuerte convicción de que ministraría en Roma (Ro 1.15). En Hechos 19.21, dijo: «Me será necesario ver también a Roma». Mientras Pablo estaba aún en Jerusalén, detenido por el concilio judío, Dios le habló lo siguiente: «Ten ánimo, Pablo, pues como has testificado de mí en Jerusalén, así es necesario que testifiques también en Roma» (Hch 23.11). Los capítulos 27 y 28 de Hechos describen el viaje de Pablo por barco a Roma. El apóstol había sufrido naufragio con anterioridad (véase 2 Co 11.25), pero la tormenta y el naufragio más terrible de su vida fue camino a Roma. Él y otros sobrevivientes llegaron a la costa de la isla de Malta. «Y los naturales nos trataron con no poca humanidad; porque encendiendo

Sanidades en el libro de Hechos 137

un fuego, nos recibieron a todos, a causa de la lluvia que caía, y del frío» (Hch 28.2). La palabra «naturales» en griego significa «bárbaros». Los griegos llamaban bárbaros a todos lo que no podían hablar griego o latín. En realidad, los malteses eran un pueblo civilizado de origen fenicio; sin embargo, nunca habían oído el evangelio. Eran un pueblo benevolente, pues la palabra que se traduce «con no poca humanidad» en el griego es «filantrópico», que significa «uno que ama la humanidad». El pueblo de Malta le dio a Pablo y al resto de los náufragos una bienvenida amorosa.

Lea Hechos 28.1-10 y tome nota del milagro que asombró a la gente y de la sanidad que Pablo ministró a Plubio.

Cuando Pablo sacudió la víbora en el fuego y que después de un tiempo mostró que no tenía ningún efecto dañino, lo tomaron por dios. La experiencia con la víbora cumplió lo que la Escritura profetiza en la Gran Comisión en Marcos (16.18): «<u>Tomarán en las manos serpientes</u>, y si bebieren cosa mortífera, no les hará daño; <u>sobre los enfermos pondrán sus manos, y sanarán</u>».

 INFORMACIÓN ADICIONAL

El ministerio de sanidad de Pablo en Malta. Aquí hay una referencia a sanidades divinas a pesar del hecho que Lucas, un médico, acompañó a Pablo. Este hecho incomoda tanto a los críticos de la sanidad moderna, que algunos han adelantado la teoría de que las sanidades que se mencionan en el v. 9 fueron obra de Lucas, quien habría empleado remedios médicos, aunque no se menciona aquí su nombre. La teoría se basa en el uso de *therapeuo*, la palabra griega para «sanidad» (v. 8), la cual algunos insisten que se refiere a la terapia médica.

Sin embargo, esta palabra aparece 34 veces en el NT. En 32 casos, se refiere claramente a sanidad divina; en los demás, tiene una significación general. Ambas palabras (*iaomai* y *therapeuo*) designan el mismo tipo de sanidad en Mateo 8.7-8, lo cual indica que se usan indistintamente en la Biblia.

Lo anterior no se opone a los tratamientos médicos; no dice que la medicina o la ayuda de los médicos sean perjudiciales, porque, en verdad, no lo son. Sin embargo, queda claro que este pasaje no da pie para la sustitución de la terapia médica por la oración. Dios sana por muchos medios: la oración de fe, poderes naturales recuperativos, ayuda médica, o medicina y milagros.[3]

El naufragio de Pablo en Malta, aunque fue una experiencia dolorosa para la carne, se convirtió bajo la providencia divina en una oportunidad de llevar el evangelio a una cultura que nunca antes lo había oído. En ninguna parte se menciona que Pablo o alguno de sus acompañantes ministró el evangelio en Malta, pero como G. Campbell Morgan dice en su comentario sobre Hechos, la evangelización se llevó a cabo por el ministerio de sanidad. Al orar por la gente en Malta en el nombre de Jesús, se les explicó que Jesús era el Salvador del mundo y el Sanador del espíritu, el alma, la mente y el cuerpo del hombre. En Jesús uno descubre la plenitud. Desde los días de Pablo en adelante, Malta se convirtió en una isla cristianizada. Como bien se sabe, Pablo llegó a Roma, trajo avivamiento a la iglesia romana y dio su vida en martirio. Desde Roma escribió varias de sus epístolas; por ellas y en Cristo, ha bendecido al mundo.

Mucho de lo que conocemos de la sanidad divina lo hemos aprendido de los ejemplos de sanidades en los ministerios apostólicos de Pedro, Esteban, Felipe y Pablo, según leemos en Hechos. No encontramos ni una sola palabra que sugiera que estos ministerios de sanidad se acabarían. La Iglesia de Jesucristo sigue avanzando y todas las bendiciones de Su muerte expiatoria en la cruz seguirán vigentes hasta su regreso. ¡Que Dios nos ayude a vivir la fe que el bendito Espíritu Santo nos ofrece!

Lección 12 / Un clima óptimo para la sanidad

La fe genuina en Dios no significa simplemente creer algo acerca de Dios, aunque comienza con el entendimiento de que Él es capaz. La fe efectiva cree que Dios es un Dios que hace pacto y lo guarda; y demanda un paso mental o físico en la dirección de la promesa del pacto de Dios.

- Noé preparó un arca.
- Abraham salió sin saber a dónde iba.
- Isaac bendijo a Jacob con respecto a cosas venideras.
- Moisés despreció a Egipto sin temer la ira del rey; por fe atravesaron el Mar Rojo como si fuera tierra seca, etc.

Todos los hombres y mujeres con fe en Dios dieron un paso antes de poder ver el cumplimiento de la promesa del pacto de Dios.

Lea Marcos 9.17-29, este pasaje nos ayuda a ver los pasos que se dan para cultivar la fe.

 INFORMACIÓN ADICIONAL

Cultivemos un clima de fe para la sanidad. En este pasaje Jesús nos dice que la condición para la oración de sanidad contestada es «creer». El padre del muchacho endemoniado respondió con lágrimas en los ojos: «Creo», y luego agregó, «ayuda mi incredulidad». Siendo que la fe es un don, nosotros podemos orar, pidiéndola tal como lo hizo este padre. Nótese cuán rápidamente contestó la gracia de Dios. Pero aquí se nos ofrece otra lección: En un ambiente donde creer sea difícil, nosotros deberíamos buscar otro diferente. Aun la capacidad de Jesús para hacer milagros se vio reducida allí donde la incredulidad prevalecía (Mt 13.58).

La oración y la alabanza proveen una atmósfera de fe en Dios. Sin embargo, en este texto Jesús explica otro obstáculo a la victoria de la fe, que hace que las oraciones sean infructuosas: «Este género con nada puede salir, sino con oración y ayuno» (Mc 9.29). Su explicación enseña: 1) algunas aflicciones (no todas) son impuestas por el demonio; y 2) algunos tipos de posesión demoníaca no responden al exorcismo; solamente la oración ferviente puede producir liberación. Perseverar en la oración, acompañada de alabanza y ayuno, provee de un clima para la fe, que trae liberación.[1]

A nuestro texto clave del Evangelio de Marcos lo precede la historia de la transfiguración de Jesús nuestro Señor. Llevó consigo a los tres discípulos que tenían mayor comunión con Él. Se encontraron allí con Moisés y Elías que dialogaron con Él acerca de su muerte y resurrección, y del significado pleno de su obra de expiación (Lc 9.30-31). Allí ocurrió una unión entre el Redentor y los representantes de la Ley y los Profetas. Los apóstoles del Nuevo Testamento y los profetas del Antiguo Testamento se reunieron con el Cristo glorificado en el centro (Mc 9.1-13; Mt 17.1-13; Lc 9.27-36; Jn 12.23-28). Esto fue un anticipo del hecho incomparable que daría la redención completa a todos los creyentes de todas las épocas.

En el valle, una multitud que disputaba alrededor de un muchacho afligido, esperaba con ansia el regreso y la ayuda de Jesús, Pedro, Santiago y Juan. Los discípulos que se quedaron al pie del monte discutían con los escribas incrédulos (Mc 9.14) acerca del poder de los discípulos para sanar al muchacho endemoniado. Lo habían exorcizado, pero sin éxito. El padre fue al encuentro de Jesús con el triste lamento: «Dije a tus discípulos que lo echasen fuera, y no pudieron; si puedes hacer algo, ten misericordia de nosotros, y ayúdanos».

El clima para la sanidad era imposible:

1. Era un clima de contienda y discordia, no era uno de armonía y paz.
2. Era un clima de incredulidad; los escribas y sus simpatizan-

tes negaban el señorío de Cristo, a menudo lo acusaban de echar demonios en el nombre de Beelzebú.
3. La contienda y la incredulidad crearon en el padre un clima de duda y confusión.
4. El fracaso de los discípulos minó la confianza en el don que Jesús les había dado con anterioridad.
5. La multitud en general seguía alrededor asombrada, cada uno expresando algún punto de vista sobre el asunto.

Antes de seguir adelante, razone cada uno de los cinco puntos señalados. ¿Cómo se manifiestan hoy en día?

Ahora, contrastemos nuestro análisis con lo que se necesita para crear una atmósfera en que pueda ocurrir la sanidad completa que glorifica a Dios.

1. UN CLIMA DE FE POSITIVA

Jesús no llevó a cabo muchos milagros donde existía un clima de incredulidad (Mt 13.57-58). Si aun Jesús, el Gran Médico, estaba de alguna manera restringido en su operación de milagros, no nos debería sorprender que las sanidades actuales dan resultados, muy a menudo, en una atmósfera de fe y confianza, tal como una congregación de creyentes, un círculo de ancianos (varios tomados de las manos en oración) y una cantidad de personas en unidad después de un sermón ungido, después de varios testimonios de sanidad, en una atmósfera de alabanza y adoración.

En la historia de la sanidad del muchacho endemoniado, Jesús explicó de la siguiente manera el fracaso de los discípulos en efectuar la sanidad: «Por vuestra poca fe; porque de cierto os digo, que si tuviereis fe como un grano de mostaza, diréis a este monte: Pásate de aquí allá, y se pasará; y nada os será imposible» (Mt 17.20).

A partir de los pasajes siguientes, explique cómo la fe se manifiesta en el resultado.

Mateo 9.27-30

Mateo 15.21-28

Mateo 21.18-22

Marcos 5.27-34

2. UN CLIMA DE ARMONÍA Y ACUERDO

Jesús le hizo la siguiente promesa a sus discípulos: «Otra vez os digo, que si dos de vosotros se pusieren de acuerdo en la tierra acerca de cualquier cosa que pidieren, les será hecho por mi Padre que está en los cielos. Porque donde están dos o tres congregados en mi nombre, allí estoy yo en medio de ellos» (Mt 18.19-20).

Cuando Jesús y los tres discípulos descendieron del monte de la transfiguración, vinieron con gloria celestial para las aflicciones terrenales funestas. Cuando se encontraron con los discípulos que esperaban, entraron en una atmósfera de conflicto teológico y de duda que nace del fracaso. Los creyentes disputaban con los incrédulos. Se había tratado de levantar la carga terrible de la posesión demoníaca, sin éxito. La misma presencia de Jesús, el Señor de Gloria, el Príncipe de Paz, transformó el clima de debate a expectativa, de duda a esperanza, de desesperación a confianza. Donde está la presencia de Jesús, las esperanzas muertas resucitan.

Los miembros de la iglesia deben recordar constantemente la importancia de la presencia del Señor en cada reunión de la iglesia. Deberíamos entrar al templo con un espíritu de expectativa, dejando atrás todo espíritu o actitud de duda, conflicto, frivolidad o escepticismo. Es importante crear en la casa de Dios un clima de sanidad para el cuerpo, alma, mente y espíritu. Cuanto más armonía hay, más sanidad hay en la clara presencia de Jesús.

 RIQUEZA LITERARIA

Unánimes juntos, *homothumadon*. Estar de acuerdo, de mutuo consentimiento, mantener la unidad de grupo, ser todos de una sola mente y tener un solo propósito. Los discípulos tenían unanimidad intelectual, armonía emocional y una sola voluntad en la iglesia recientemente fundada. En cada uno de los casos en que se usa, *homothumadon* indica armonía, la cual conduce a la acción.[2]

Examine los siguientes pasajes y vea el común denominador que se expresa con ciertas palabras. ¿Cuáles son? Asimismo, en cada situación, anote los resultados de este clima.

Hechos 1.14

Hechos 2.1

Hechos 2.46

Hechos 4.24

Hechos 5.12

Hechos 8.6

3. UN CLIMA DE HUMILDAD

Parece que los discípulos eran culpables de más de un conflicto con los escribas. En Marcos 9.33-37, otro obstáculo para la fe salió a la luz: La falta de humildad.

 INFORMACIÓN ADICIONAL

Ser como niño. Jesús confronta la tendencia de la humanidad a asociar la autoridad con un ejercicio de dominio sobre otros. El dominio o autoridad en la vida del reino, que Dios quiere restablecer en nosotros, es para una vida victoriosa y fructífera, para echar fuera los poderes infernales, no para controlar a otros o servir a nuestros propios intereses. Su llamado a ser humildes como un niño y a servir de corazón (Jn 13.1-17), establece el espíritu y sienta la pauta para que el creyente ejercite su autoridad como un agente del poder del reino de Dios. (Véanse Mt 19.14; Mc 10.14; Lc 18.16-17.)[3]

Es muy probable que los apóstoles que se quedaron atrás durante la transfiguración pasaron algún tiempo disputando el lugar que tendrían en el reino venidero de Cristo: ¿Quién ocuparía el primer lugar, quién recibiría los más altos honores, quién quedaría grabado en lo más alto del poste totémico? Jesús estaba plenamente enterado de sus pensamientos y razonamientos, tal como está enterado de las ambiciones egoístas de todos nosotros. Jesús colocó a un niño pequeño en medio del círculo y declaró: «Este es mi modelo para emular; si quieres ser un gobernador, conviértete en siervo. Toda la gente grande del reino de Dios vendrá de la servidumbre».

Lea Filipenses 2.1-5. Enumere los atributos y las obras de humildad que se requieren.

4. Un clima de interés y dirección

Parece muy claro que Jesús tenía un interés mayor que tan solo un milagro individual. Es obvio que el padre necesitaba la guía y confianza casi tanto como el niño. El Señor le preguntó: «¿Cuánto tiempo hace que le sucede esto?» No hay duda de que la conversación entre Jesús y el padre del niño fue mucho más larga de lo que se presenta. Lo que aparece en la Biblia sin duda muestra que Jesús estaba diagnosticando y tratando la ansiedad del padre del endemoniado. Existen ocasiones cuando la sanidad espiritual de toda la familia es el preludio de la sanidad física del enfermo.

Cuando Jesús sanó a la hija de Jairo (Mc 5.35-43), sacó a todos los vecinos curiosos de la casa y llevó consigo a la habitación donde yacía la niña muerta sólo a los padres y a los discípulos creyentes. Cuando dijo: *Talita, cumi* («Niña, a ti te digo, levántate»), habló en arameo casero; las palabras que emitió eran para el beneficio de la familia necesitada de sanidad espiritual. A veces, para que una persona sea sanada es necesario la sanidad del medio ambiente, una transformación del clima.

¿Puede pensar en situaciones donde la gente a menudo pide oración de sanidad cuando lo que hace más falta es un consejo sabio y un cambio práctico de conducta? Dé ejemplos que le vengan a la mente.

5. Un clima de dependencia

Con razón el padre del muchacho endemoniado estaba desanimado; su respuesta a Jesús fue: «Si puedes hacer algo, ten misericordia de nosotros, y ayúdanos». Si tenía dudas respecto a la omnipotencia de Jesús, todavía guardaba algo de fe en Su compasión. Como hemos visto, algunos maestros, creyendo que los milagros se realizaron sólo para establecer la deidad de Cristo, argumentan que Jesús concluyó su provisión de sanidad corporal al final de la supuesta era apostólica.

Nosotros creemos que se puede probar que Jesús sanó una gran cantidad de veces a causa de Su compasión. Si *alguna* vez sanó por compasión, aún debe tener esa misma compasión, pues Él siempre es el mismo (Heb 13.8). Si Jesús sólo sanaba como una credencial de su deidad, los autores de la Biblia estaban equivocados acerca de su motivación. El padre del muchacho apeló a la compasión de Jesús y Él, por cierto, le respondió así: «¿Si es que puedo hacer algo? Ciertamente vine por amor a redimir al pueblo del reino de Satanás, pero la condición para la salvación plena es tener "fe". Por obras, nadie podría merecer la sanidad divina del cuerpo y el alma, pero si puedes "creer", todo es posible».

El padre del niño respondió: «Creo». Creyó lo suficiente como para traer a su hijo con la aflicción diabólica a Jesús, pero la imposibilidad de los discípulos de exorcizarlo le había llenado el corazón de duda. ¿Quién de nosotros hubiera reaccionado de alguna otra manera? Sin embargo, el padre manifestó su espíritu confiado al clamar desde el fondo de su ser angustiado: «Ayuda mi incredulidad».

Deténgase y escriba vías y situaciones donde anhela obtener un crecimiento de la fe. Escriba una oración que lo exprese todo.

Existen varias formas de incrementar la fe: 1) «Así que la fe es por el oír, y el oír, por la palabra de Dios»; 2) la fe viene de la oración, de lograr que el tema de nuestras peticiones sea el aumento de la oración; 3) la fe crece a partir del ejercicio de la misma; cuanto más confiamos en Dios como ayudador en todo lo que hacemos, más fe tenemos para los grandes desafíos. La dependencia corporal total en el Señor es la mejor manera de crear el clima para la sanidad.

6. UN CLIMA DE ORACIÓN Y ALABANZA

Después que Jesús liberó al muchacho endemoniado, sus discípulos se le acercaron para preguntarle ansiosamente: «¿Por qué nosotros no pudimos echarle fuera?» Lo habían hecho con anterioridad. Muchas respuestas podrían darse, algunas de las cuales hemos sugerido, pero ocurrió que el tipo particular de demonio que poseía a este muchacho necesitaba un proceso curativo al que no habían sido expuestos con anterioridad. Este tipo de atadura satánica no podía vencerse con un exorcismo simple. Jesús, quien vino a destruir las obras del diablo, echa fuera el demonio y después dice que sus siervos sólo podrían romper ese tipo de atadura con oración y ayuno.

Existe algún interrogante respecto a la palabra *ayuno*. No se encuentra en algunos de los manuscritos originales, pero la versión Reina Valera sigue el *Textus Receptus* que retiene la palabra *ayuno*. La idea generalizada aquí, sin embargo, es que este tipo de atadura sólo podría desatarse con la oración sobrenaturalmente poderosa.

En relación al pacto de sanidad del Nuevo Testamento, Santiago dijo: «La oración eficaz del justo puede mucho». Por lo general lleva tiempo y santa concentración en la oración para darle el poder con la unción del Espíritu Santo.

 ### Información adicional

Efectividad en la guerra espiritual. Santiago describe un nivel de oración el cual está más allá de la capacidad normal de cualquier creyente. La oración se fortalece con la participación directa del Espíritu Santo. La palabra griega para «ferviente» no aparece en el texto original. Esta constituye una extensión del vocablo «eficaz», que sí aparece en el texto griego. La palabra griega *energeo* significa «eficiente, o lo que es eficaz». Para entender plenamente la palabra *energeo* hace falta examinar otro pasaje donde esta se usa. Pablo la empleó para describir el poder de la Palabra de Dios, al obrar esta de una manera especial en aquellos que creen (1 Ts 2.13). La premisa fundamental de la palabra griega *energeo* es que alguna cosa «obra eficazmente». Aplicado al texto, ello sugiere que nuestro orar, cuando se llena del poder del Espíritu Santo, hace que sucedan cosas. ¡Nuestras oraciones sí son efectivas![4]

La guerra espiritual mediante la oración es muy necesaria para oponerse a los poderes de las tinieblas. Pablo escribió a los creyentes colosenses, respecto a sus oraciones por ellos: «Para lo cual también trabajo, luchando según la potencia de Él, la cual actúa poderosamente en mí. Porque quiero que sepáis cuán gran lucha sostengo por vosotros, y por los que están en Laodicea, y por todos los que nunca han visto mi rostro» (Col 1.29—2.1). Pablo emplea términos tales como: *trabajo, luchando* y *lucha*, para describir el método de guerra espiritual a su favor. No existe un clima mejor para la sanidad y la liberación que el de oración intensiva y colectiva.

Últimamente ha habido un avivamiento en la iglesia con relación a la necesidad de oración intensiva, una guerra espiritual contra todas las fuerzas que obstaculizan la obra de la iglesia para rescatar a los perdidos y traer sanidad plena a los que la reciban. La iglesia está respondiendo con denuedo al desafío del apóstol Pablo (véase Ef 6.10-12).

En Colosenses 4.12, Pablo define de nuevo el área de nuestra guerra: «Os saluda Epafras, el cual es uno de vosotros, siervo de Cristo, siempre rogando encarecidamente por vosotros en sus oraciones, para que estéis firmes, perfectos y completos en todo lo que Dios quiere». Las palabras «rogando encarecidamente» provienen de la palabra griega *agonizomai*, que por lo general se traduce «lucha», «empeño», «conflicto», «esfuerzo». Sin duda es una palabra relacionada con el «combate». Pablo usó la misma palabra cuando dijo: «He peleado la buena batalla». También la emplea en otro pasaje (1 Ti 6.12) donde da la exhortación siguiente: «Pelea la buena batalla de la fe». Como la batalla del creyente es contra fuerzas invisibles del mal, su única arma verdaderamente efectiva es la oración, la oración intensiva ungida por el Espíritu.

En Romanos 15.30-31 tenemos un pasaje que ilustra vívidamente la importancia de la oración en la batalla espiritual: «Pero os ruego, hermanos, por nuestro Señor Jesucristo y por el amor del Espíritu, que me ayudéis orando por mí a Dios, para que sea librado de los rebeldes que están en Judea, y que la ofrenda de mi servicio a los santos en Jerusalén sea acepta». Pablo planeaba visitar a Roma, pero quería visitar primero a Jerusalén. Estaba bien enterado de la oposición que encontraría en Jerusalén, pero tenía una ofrenda para los santos pobres y quería llevar a cabo el proyecto; tenía la esperanza de que ese gesto de amor de las iglesias gentiles sanara la animosidad con relación a su ministerio. Sabía que sólo la oración intensiva podría sanar la herida. Hubo respuesta a las oraciones, pero no de la manera que esperaba. Se escapó de los enemigos y llegó a Roma, luego de haber sufrido arrestos, juicios y un viaje a Roma en cautiverio interrumpido por un naufragio. Sin embargo, de todo esto se desprenden las epístolas de Efesios, Filipenses, Colosenses, Filemón y 2 Timoteo. En su viaje a Roma evangelizó la isla de Malta. En Roma, como prisionero, escribió a los Filipenses, expresando que «las cosas que me han sucedido, han redundado más bien para el progreso del evangelio» (Flp 1.12).

 FE VIVA

En este capítulo nos hemos esforzado en señalar detenidamente los valores que aclimatan el ambiente para la sanidad. Estos valores los hemos descubierto en la historia de la sanidad del muchacho poseído por el demonio que Jesús liberó en ocasión de su descenso del monte de la transfiguración. El hecho de que el Señor pretendía que esta historia fuera un modelo para que interpretemos, lo sugiere su exposición en tres de los cuatro Evangelios. En la historia, varias circunstancias parecieron obstaculizar o dificultar el milagro de la liberación. Los obstáculos a la sanidad parecieron ser los siguientes: contienda, interés por ganancia propia, desánimo e incredulidad. Los valores que trajeron la sanidad fueron: concordia, humildad, fe, perseverancia, oración y guerra espiritual.

Después de concluir, repase los puntos más importantes de este capítulo y considere cómo puede aplicar estos principios para impactar el «clima» de su vida de fe.

Lección 13 / La sanidad divina: Respuestas para los que dudan

La teología es simplemente la enseñanza correcta de la Biblia. ¿Es correcta la doctrina de la sanidad divina mediante el poder del Espíritu Santo? Por supuesto que muchos no creen en la Biblia. Y no todos los que creen en la Biblia, en general, creen, en particular, en la sanidad divina o milagrosa. No todos los que creen en los milagros de los tiempos de Jesús, creen que los milagros, especialmente los de sanidad, pueden o deben ocurrir en nuestros días.

La posición de esta guía de estudio es que la obra redentora de Cristo en la cruz, que culminó en su resurrección y ascensión, fue efectiva para la plenitud de la persona y para toda la era eclesial. En este capítulo nos esforzaremos en dar una respuesta a las objeciones a la sanidad divina.

1. Posiblemente la objeción más común a la sanidad divina es que no es científica. [Al hablar de «sanidad divina» nos referimos al «poder de Dios para sanar o liberar al enfermo y al afligido por medio de la oración bíblica en el nombre de Jesucristo de Nazaret».] Los que se mantienen en esta postura objetan cualquier clase de milagro. «El tiempo de los milagros ha pasado», es un comentario común. Definen «milagro» como algo contrario a las leyes naturales. El problema con esta definición es que cuanto más llegamos a saber, más nos damos cuenta de que el mundo natural escapa de nuestro entendimiento. Sólo la «matemática» se aproxima a ser una ciencia exacta; las llamadas leyes son sólo «probabilidades». Si aceptamos la existencia de un Ser supremo que creó el universo, debemos llegar a la conclusión de que Él puede intervenir en la creación.

Naturalismo

Existen algunos llamados naturalistas que, si creen en algún

Dios, creen que creó el universo, pero que lo ha dejado que trabaje por su cuenta en base a leyes fijas. Simplemente no existe un Dios «personal» atento a nuestras necesidades personales. Pero si existe un Ser supremo inteligente que creó la humanidad, es imposible creer que Él la haría sin revelarle a sus criaturas el propósito de su existencia. Aunque algunos creen que Él se reveló exclusivamente a través de la naturaleza, esta no nos dice de dónde vinimos, a dónde vamos y por qué estamos aquí ni cómo podemos acercarnos al Creador. La humanidad anhela descubrir las respuestas a estas preguntas importantes. Si Dios existe, es mucho más fácil no creer que nos hizo para conocerlo y para tener comunión con Él.

Ateísmo

Por supuesto, una teoría popular en la actualidad es la que niega la existencia del Dios de la Biblia y teoriza que el universo siempre ha existido y que el hombre evolucionó de una chispa de vida que ocurrió por casualidad. En primer lugar, existen tres posibilidades para la existencia del universo:

1. Siempre existió. Aunque esto es imposible pues la segunda ley de la termodinámica revela que todo el universo está perdiendo energía, y como esto es así, tiene que haber un momento en que comenzó a existir.
2. El universo ocurrió de la nada, por sí solo. Pero una regla de lógica antigua y aceptada es que «de la nada, no viene nada».
3. El universo fue creado por un Dios omnipotente y omnisciente, una creencia que dondequiera han aceptado los hombres y que aun la mayor parte de la humanidad lo cree.

El hecho de que la vida humana haya venido de un virus simple, o una ameba, que surgió de materia inerte por generación espontánea, es impensable. En su obra, *Origins of Life* [Orígenes de la vida] (Lion Publishing, 1985), el científico Jim Brooks analiza la posibilidad de que la vida humana haya aparecido por casualidad señalando que ni una proteína simple podría generarse por casualidad.

Si es verdad
- que el universo no siempre ha existido, y

- que no puede haber surgido de la nada,

tiene que haber sido creado por un Creador todopoderoso y que todo lo sabe.

Si un Dios inteligente lo creó todo, incluso la raza humana, para la cual ha provisto un plan de redención, tenemos la certeza de que aquel que intervino por medios sobrenaturales para rescatarnos, puede intervenir de cualquier manera y en cualquier momento que esté dentro de su interés y propósito. Aquel que intervino en forma sobrenatural en los asuntos de los hombres durante miles de años, puede continuar obrando en nosotros de acuerdo a su programa de redención. Aquel que sanó a multitudes de enfermos, como está escrito en las páginas del Nuevo Testamento, no hubiera retirado sus misericordias sin aviso previo; ¡y nunca ha dado semejante aviso! ¡Es enteramente científico y creíble que Él sana y que sana hoy!

2. La segunda objeción al ministerio de sanidad bíblico contemporáneo es que Dios hizo milagros en los primeros tiempos para confirmar la veracidad y validez del cristianismo, y ahora que el cristianismo está establecido, ya no se necesita la sanidad divina como medio de confirmación de las verdades del evangelio. Este argumento cae con su propia proposición, pues la mayoría de los que adoptan esta postura, creen en la conversión sobrenatural. Y si el propósito de Dios fuera que los milagros dejaran de existir, no habría necesidad de tener una conversión y regeneración sobrenaturales. La transformación de una vida es un milagro mucho mayor que el de una sanidad. Por lo tanto, ¿por qué deberíamos disminuir o deshacer el lugar del menor, categorizándolo como indigno o inaccesible?

Además, puede demostrarse que muchos de los milagros se atribuían a la compasión de Jesús y no para confirmar su autoridad; por cierto, muchas veces Jesús mandó a los que recibían sanidad que guardaran silencio acerca del milagro. Los siguientes pasajes contienen declaraciones de la compasión de Jesús y de sus motivaciones para sanar enfermos: Mateo 9.35, 36; 14.14; 20.33, 34; Marcos 5.19, 20; 9.22; y Lucas 7.13, 14. Existen, también, al menos cinco pasajes donde Jesús respondió, con sanidad, a los que clamaron con las palabras: «Ten misericordia» (Mt 9.27; 15.22-28; 17.15; 20.30; Lc 18.38-39).

3. La tercera objeción a la sanidad en la actualidad es que Jesús sanó a los enfermos de su época porque la medicina física no había progresado al estado de desarrollo de la confiabilidad, y como hoy la ciencia médica se ha perfeccionado, la sanidad sobrenatural ya no es necesaria.

Primero, esta objeción es errada. La sanidad divina no sólo es una bendición física, sino una bendición espiritual más amplia. Nuestro cuerpo es templo del Espíritu Santo, redimidos por la obra expiatoria de Cristo; y como hemos sido comprados por precio, debemos glorificar al Señor con nuestros cuerpos y con nuestros espíritus. Pablo nos exhortó a «que presentéis vuestros cuerpos en sacrificio vivo». La salud del alma y del espíritu afectan el cuerpo; y la salud divina del cuerpo fortalece la mente y el espíritu.

En cuanto al desarrollo de la ciencia médica debemos señalar que Hipócrates, el padre de la medicina científica, vivió cuatrocientos años antes de Cristo. Lucas, quien escribió el Evangelio del mismo nombre y el libro de Hechos, era un médico cuya competencia se pone en evidencia con el uso que hace de términos médicos y su entendimiento de las enfermedades, sin embargo no existe ninguna indicación de que ayudara a Pablo en la sanidad de los enfermos, excepto en la unidad en la oración. Si la sanidad divina estuviera destinada a desaparecer con la muerte de los apóstoles, debería haberse logrado un gran adelanto en la ciencia médica al final del primer siglo, pero no fue así; la ciencia médica no progresó significativamente hasta la era del Renacimiento y, en realidad, no hubo mucho adelanto hasta el reciente descubrimiento de los antibióticos. Es más, el cuidado de la salud y los costos de seguro actuales se han vuelto tan caros que muchos no tienen dinero suficiente para pagarlos, por los que aumenta la necesidad de sanidad divina.

Debemos declarar que Dios ha dado al hombre muchas sustancias con valor curativo. Ha dotado a muchas personas calificadas de métodos de sanidad que son una bendición indescriptible para la humanidad. Muchas organizaciones cristianas han construido y mantienen hospitales para el cuidado de los enfermos y afligidos. Todo esto puede considerarse como una bendición de Dios. El trabajo de doctores y cirujanos puede convertirse en más capaces bajo la mano invisible del Gran Médico. Los cristianos deberían acceder a la ciencia curativa sin ningún sentimiento de culpa; pero la bendición de la sanidad divina mediante el poder del Espíritu Santo, como respuesta a la oración de fe, es ciertamente un sacramento de la iglesia y una provisión especial para los creyentes. Es una esperanza preciosa para los hijos del Señor. El estado relativo de las artes médicas no tiene nada que ver con la validez, la necesidad, ni el lugar, de la sanidad divina en la Iglesia.

4. La cuarta objeción actual a la sanidad divina es que esta cesó con la era apostólica. Esta pretensión es errónea. Los registros históricos declaran una cierta cantidad de testimonios confiables respecto de la sanidad divina en respuesta a la oración. A continuación, se encuentran los nombres de hombres que reportaron sanidades en sus días:

1. Justino Mártir en 165 d.C., sesenta y cinco años después del cierre de la era apostólica.
2. Ireneo en 192 d.C. menciona los dones de sanidad y la imposición de manos sobre los enfermos.
3. Tertuliano en 216 d.C. menciona sanidades de personas de todas las edades y etapas de la vida. Estas sanidades incluyeron la expulsión de demonios.
4. Orígenes en 250 d.C. menciona sanidades de muchos tipos de enfermedades. Varios tenían dones de sanidades.
5. Clemente de Alejandría en 275 d.C. menciona los dones de sanidades y oración con ayuno para la sanidad.
6. Teodoro de Mopsueste en 429 d.C. (más de trescientos años después de finalizar el primer siglo) declara una abundancia de sanidades, incluyendo entre los inconversos.
7. Gregorio el Grande, 500 d.C., misionero a Britones, oró por los enfermos, ungiéndolos con aceite.
    John Wesley atribuye la disminución de los milagros de sanidad desde Gregorio hasta la Reforma Protestante a un descenso espiritual. Con la Reforma vino un nuevo avivamiento espiritual.
8. Los Valdenses, un grupo espiritual devoto del siglo doce, en su confesión de fe expresan una fe firme en la sanidad divina como respuesta a la oración.
9. El conde Zinzendorf, 1725 d.C., del movimiento de Moravia (Hermanos Unidos), describe muchos milagros de sanidad en respuesta a la oración.
10. John Wesley, 1750 d.C., graduado de la universidad de Oxford y fundador de la Iglesia Metodista, registró en su diario varios casos de sanidades.

Tanto la Biblia como la historia están de acuerdo en que la sanidad divina es una parte integral del ministerio de la Iglesia.

5. La quinta objeción al ministerio de sanidad divina en la iglesia moderna es que si aceptamos la sanidad, ¿no deberíamos también levantar a los muertos, hablar en otras lenguas, tomar serpientes e ingerir veneno sin causarnos daño?

La sanidad divina es parte de la obra expiatoria de Cristo que acompaña al perdón de las transgresiones como profetizó Isaías y confirmó Mateo (Mt 8). La Gran Comisión de Marcos 16 no menciona la resurrección de los muertos, ni tampoco lo declaran los pactos de sanidad. Ha habido casos de levantamiento de los muertos en la historia de la Iglesia, pero estos son aspectos milagrosos y no bendiciones duraderas que se nos han prometido. Dios en su gran misericordia hace muchas cosas como Señor soberano, pero nosotros no tenemos un «derecho pactado» para dar por sentado la resurrección de los muertos del mismo modo que se nos ha dado el pacto de sanidad.

Con respecto al hablar en lenguas, es tanto un don como una oración de bendición para los creyentes. Algunos responden con el versículo de 1 Corintios 13: «Cesarán las lenguas» (1 Co 13.8). Pero omiten la cláusula que dice *cuando* las lenguas, las profecías y la ciencia se acaben, la cual es: «Mas cuando venga lo perfecto, entonces lo que es en parte se acabará» (1 Co 13.10). Lo perfecto no vendrá hasta que Jesús regrese en gloria.

La Gran Comisión de Marcos no predice que aquellos que creen podrán tomar serpientes e ingerir veneno sin sufrir daño; sin embargo, estas promesas tienen que ver con circunstancias inevitables de peligro. Nunca se pretendió que los creyentes tomaran serpientes o veneno deliberadamente para demostrar el poder de Dios; por cierto, hacer eso sería tentar a Dios. Muchos misioneros testifican que han sido protegidos de estos peligros, tal como lo vimos en el caso de Pablo en la isla de Malta (Hch 28).

6. La sexta objeción a la doctrina de sanidad divina es que si toda los enfermos se sanaran, nunca nadie moriría. Esto, por supuesto, no lo enseña ni la Biblia ni ningún maestro ortodoxo de la doctrina de sanidad divina. La Biblia nos dice claramente que «está establecido para los hombres que mueran una sola vez» (Heb 9.27). Todos los apóstoles murieron, algunos muy jóvenes. Dios ha pro-

metido protección, provisión, sanidad y muchas otras cosas; pero, por supuesto, cada promesa está supeditada a los propósitos más elevados de un Dios soberano.

Pablo nos da un buen ejemplo de la obra de la providencia en el primer capítulo de Filipenses (1.20-26).

Pablo se había enterado, estando en prisión, que podrían matarlo en cualquier momento. Pero su deseo sincero era que a través de la vida o la muerte, Cristo pudiera ser magnificado en su vida. Para él la muerte hubiera sido ganancia, pero el seguir vivo significaría continuar sirviendo a su amado Maestro. Por último, llegó a la conclusión de que continuaría en el cuerpo más tiempo para poder ministrar a las iglesias.

La voluntad de Pablo estaba subordinada a la voluntad de Dios. Estaba totalmente sometido al plan de Dios para su ministerio y vida terrenal. Las promesas de Dios son sí y amén, pero las promesas están sujetas a su providencia general.

Nosotros sabemos que la voluntad general de Dios es que todos sus hijos tengan salud espiritual y física. No siempre podemos discernir en qué lugar caben las circunstancias de nuestra vida dentro de su plan soberano, pero en la experiencia práctica nos basamos en las promesas de su Palabra. No siempre sabemos con exactitud cómo orar, pero en ese caso su Espíritu intercede por nosotros en su lenguaje de oración (Ro 8.26-27).

7. La séptima objeción a la doctrina de sanidad es que hay ejemplos de fracaso en el Nuevo Testamento: obreros cristianos que estuvieron enfermos. La Biblia, por supuesto, no dice que un creyente nunca se enfermará, pero dice que la oración de fe salvará al enfermo. La sanidad está condicionada a la obediencia, la fe y al momento providencial.

Los que promueven esta objeción generalmente señalan el aguijón en la carne de Pablo (2 Co 12.7); Trófimo se enferma (2 Ti 4.20); Timoteo toma vino debido al estómago (1 Ti 5.23); y se enferma Epafrodito, el pastor de la iglesia en Filipos (Flp 2.25-27).

No sabemos de qué se trataba el aguijón de Pablo. Si Dios hubiera querido que lo supiéramos, nos lo hubiera dicho. Si lo supiéramos, cualquiera diría que tiene el mismo aguijón de Pablo. Había una clara y providencial razón, para que el aguijón mantuviera a Pablo en humildad debido a que poseía una revelación abundante. (¡A menos que uno haya visitado varias veces el tercer cielo, uno no debería preocuparse porque le vaya a tocar un aguijón estabilizador!)

Cuando consideramos que Pablo siempre estaba ministrando, al mismo tiempo que se ganaba el sustento fabricando carpas, que en sus muchos viajes fue apedreado, naufragó varias veces y sufrió prisiones, podemos deducir que su salud era bastante robusta. En 2 Corintios 11, da un listado completo de sus trabajos, tribulaciones y persecuciones, pero no hace referencia a ninguna enfermedad.

La referencia a la enfermedad de Trófimo es tan breve que no sabemos nada de las circunstancias. Muchas sanidades no son inmediatas. No sabemos nada de la fe ni de la condición espiritual de Trófimo. Además, no fundamentamos una doctrina sobre las personas o sus circunstancias, sino que basamos nuestras convicciones en la Palabra de Dios y sus promesas.

El consejo de Pablo a Timoteo de tomar vino para su estómago no fue ni una sugerencia médica ni una propaganda de la bebida alcohólica; era una precaución a que no bebiera del agua contaminada donde estaba Timoteo.

El caso de Epafrodito es positivo para la sanidad divina, pues se nos dice que Dios lo sanó (Flp 2.25-28). Epafrodito se enfermó debido al viaje agotador desde Filipos a Roma para llevar una ofrenda y noticias al apóstol encarcelado. Pablo mencionó la tristeza sobre tristeza para expresar que si su joven amigo Epafrodito moría, hubiera sido la pérdida dolorosa de un querido compañero, pero como la enfermedad del joven pastor fue el resultado de sus riesgos por llevar buenas cosas a Pablo, su muerte hubiera significado tristeza sobre tristeza para el apóstol. Dios salvó a Pablo y a Epafrodito al sanarlo. Sabemos que Epafrodito sanó por completo, porque estaba listo para regresar a Filipos.

8. La octava objeción a la sanidad divina se debe a que pone mayor énfasis en el cuerpo físico que en el alma y la experiencia espiritual. Es muy posible que existan personas que desean la sanidad divina sólo para librarse de síntomas desagradables y para disfrutar la salud por razones egoístas. Sin embargo, Jesús sana para mostrar su amor y misericordia, y para convertirnos en mejores siervos del Señor y de otros.

La sanidad divina, como es parte de nuestra redención, se nos da para completar nuestra relación con el Señor. Él nos redimió el alma y el cuerpo; también le pertenecemos en alma y cuerpo. Pablo escribió en 1 Corintios 6.19-20: «¿O ignoráis que vuestro cuerpo es templo del Espíritu Santo, el cual está en vosotros, el cual tenéis de Dios, y que no sois vuestros? Porque habéis sido comprados por precio; glorificad, pues, a Dios en vuestro cuerpo y en vuestro espíritu, los cuales son de Dios». La sanidad divina es glorificar a Dios en el cuerpo.

El propósito de la sanidad divina es espiritual; es para acercarnos al Señor. Por ejemplo, cuando el mendigo ciego, Bartimeo, fue curado de su ceguera, si la sanidad divina tuviera como único propósito curar un mal, él se hubiera ido a su casa a ver a las personas que nunca había visto, en lugar de eso siguió a Jesús en su viaje dándole alabanza y gloria (Lc 18.35-43). La sanidad no le dio la libertad de hacer lo que mejor le parecía; sino que lo liberó para convertirlo en un seguidor cercano del Señor.

En el caso de la mujer que tocó el borde del manto de Jesús, ella había planeado tocarlo en secreto e irse sin ser vista. Sin embargo, Jesús demandó en seguida quién lo había tocado, forzándola a confesar su acción. Jesús quería que la mujer conociera el propósito espiritual detrás de la bendición de su sanidad. Jesús no quería que la mujer creyera que había conseguido *algo*, quería que ella supiera que había recibido una parte de Él; ella vino buscando a *algo* y se llevó a *alguien*. La sanidad siempre entabla una relación; si no es así, es posible que la sanidad no perdure.

La sanidad es una obra del Espíritu Santo, no un toque mágico ni una píldora celestial. La sanidad a veces requiere confesión de pecado o restitución en el caso de una ofensa. La sanidad divina no sólo demanda enderezar las relaciones con otros, también confirma la relación con nuestro Señor. Se ha visto que la mayoría de los que tienen dones de oración por los enfermos son aquellos que tienen un testimonio de sanidad. Además, las sanidades son más abundantes en una atmósfera donde impera la presencia del Espíritu Santo.

9. La novena objeción sostiene que a veces la doctrina de sanidad sólo progresa en los cultos falsos. En realidad el Señor quiso que el evangelio completo fuera un mensaje de sanidad para el alma y el espíritu. Durante el oscurantismo la Iglesia cayó por un declive espiritual durante el cual los resultados espirituales fueron magros. Con la Reforma Protestante, hubo una recuperación del evangelio de la justificación por fe. Sin embargo, mientras que mu-

chos fueron ganados para Cristo, hubo un mínimo de enseñanza sobre la obra del Espíritu Santo.

Algunos de los reformadores, como Zinzendorf y Wesley, restauraron la enseñanza de la sanidad, pero no se convirtió en un ministerio de la Iglesia. En este vacío, enseñanzas no ortodoxas surgieron para atraer a los enfermos. Se ha dicho que Satanás toma verdades que el cuerpo principal de la Iglesia descuida y distorsiona para su propio bien. Si la Iglesia hubiera obedecido el mandamiento de Jesús de «sanar a los enfermos», la mayoría de las sectas que sanan no tendrían asidero. Gran parte de sanidades en las sectas no son en nada divinas; es una filosofía panteísta de «mente sobre materia»; mucho de esto se plantea en algunas de las enseñanzas de los cultos actuales de la Nueva Era. Pero la doctrina ortodoxa de la sanidad divina incluye las enseñanzas fundamentales de la iglesia histórica, tales como la obra de expiación completa en la cruz de Cristo, incluyendo su nacimiento virginal, su deidad, resurrección, vida dentro del creyente, la obra completa del Espíritu Santo y su regreso. Unido a estas verdades eternas, el ministerio de la sanidad está firmemente fundamentado y separado de cualquier aberración cultista.

10. La décima objeción surge de aquellos que rechazan la doctrina de sanidad en la expiación, como profetizó Isaías. Se explica el pasaje de Mateo 8.16-17 diciendo que la palabra «cumpliese» significa que los casos de sanidad mencionados en ese pasaje cumplieron *completamente* la profecía de Isaías: «Ciertamente llevó Él nuestras enfermedades, y sufrió nuestros dolores».

Esta es una teoría absurda por varios motivos:

(a) Unas pocas sanidades en un día de la vida de Jesús no podría dar cumplimiento a una profecía básica tal como la de la obra en la cruz de Cristo de Isaías 53, donde las declaraciones de sanidad se encuentran junto a las declaraciones de la expiación de pecados.

(b) Si esas pocas sanidades dieron cumplimiento a la profecía de Isaías, no hubieran ocurrido, a continuación, miles de sanidades.

(c) Si la sanidad en la expiación se detuvo en un grupo de sanidades, ¿por qué Pedro dijo más tarde: «Quien llevó Él mismo nuestros pecados en su cuerpo sobre el madero, para que nosotros, estando muertos a los pecados, vivamos a la justicia; y por cuya herida fuisteis sanados»? (1 P 2.24)

(d) Si unas pocas sanidades dieron cumplimiento a toda la profecía de Isaías acerca de la sanidad a través de la obra de la cruz, ¿cómo sabemos si acaso el perdón del pecado se cumplió con una conversión, digamos, de la mujer samaritana?

(e) Una mirada de cerca a la profecía mostrará que no se hizo para unos pocos enfermos de Galilea, pues se refiere a «<u>nuestras</u> enfermedades y sufrió <u>nuestros</u> dolores». La palabra *nuestros* convierte esta promesa en una bendición eterna para todos los que el Espíritu ha dado la Palabra eterna.

(f) Finalmente, si leemos Mateo 12.17-21, donde aparece la palabra *cumpliese*, veremos que puede hacer referencia a cumplimientos para toda la era eclesial. ¿Ha terminado Jesús de declarar la justicia a los gentiles? ¿Ha cesado Dios de enviar su justicia a la victoria? ¿Ha dejado su nombre de ser uno en quien las naciones ponen su confianza? Por supuesto que no. Un estudio completo de la palabra *cumplimiento* mostrará que quiere decir que lo ocurrido es un principio de lo que se profetizó.

11. Finalmente, observemos la undécima objeción a la sanidad: la doctrina de la sanidad en la expiación coloca en una posición mala a los creyentes que no se han sanado. Esto no necesariamente es cierto y nunca intencional en la enseñanza. Existen muchas razones por las cuales los creyentes no se sanan. Una persona quizás no se sane porque no todas las sanidades son instantáneas; por cierto, muchas son graduales. Igual que con la salvación del pecado, la fe es la condición principal. Muchos cristianos muy buenos, especialmente los que han estado bajo un estilo de enseñanza que ha arrojado duda sobre la posibilidad de una sanidad moderna, les faltará la fe positiva para asimilar la sanidad. También, los que han recibido la enseñanza de que la enfermedad es la voluntad de Dios para que muchos sean probados, no tendrán fe o no tendrán deseos de orar por la liberación, pues deben tener cuidado en no orar en contra de la voluntad de Dios.

Aunque existe mucha realidad espiritual detrás de los logros del cristiano común, nuestro objetivo no debería ser alcanzar el promedio, sino proseguir «a la meta, al premio del supremo llamamiento de Dios en Cristo Jesús» (Flp 3.12-15). ¡Crea en lo supremo de Dios!

LA SALUD QUE NOS DA DIOS:
SANIDAD DIVINA
POR EL PODER DEL ESPÍRITU SANTO
(Notas)

Lección 1: La sanidad y los pactos de Dios

1. «Riqueza literaria: 15.26 sanador», *Biblia Plenitud*, Editorial Caribe, Miami, FL, 1994, p. 93.
2. D. Edmond Hiebert, *The Epistle of James* [La epístola de Santiago], Moody Press, Chicago, IL, 1979.

Lección 2: La sanidad y la cruz

1. «Dinámica del Reino: La clave de la sanidad divina», *Biblia Plenitud*, Editorial Caribe, Miami, FL, 1994, p. 196.
2. «Riqueza literaria: 7.50: salvado», *Biblia Plenitud*, Editorial Caribe, Miami, FL, 1994, p. 1298.
3. «Riqueza literaria: 8.32 conocer», *Biblia Plenitud*, Editorial Caribe, Miami, FL, 1994, p. 1356.
4. «Riqueza literaria: 4.31 denuedo», *Biblia Plenitud*, Editorial Caribe, Miami, FL, 1994, p. 1395.

Lección 3: La sanidad y el arrepentimiento

1. «Riqueza literaria: 3.2 arrepentíos», *Biblia Plenitud*, Editorial Caribe, Miami, FL, 1994, p. 1188.
2. «Dinámica del Reino: Liberación de nuestra "ruina"», *Biblia Plenitud*, Editorial Caribe, Miami, FL, 1994, pp. 729-730.

Lección 4: La sanidad y la oración de fe

1. «Riqueza literaria: 11.22 fe», *Biblia Plenitud*, Editorial Caribe, Miami, FL, p. 1267.
2. «Riqueza literaria: 10.9 creyeres», *Biblia Plenitud*, Editorial Caribe, Miami, FL, 1994, p. 1463.

Lección 5: La sanidad y la obediencia

1. «Riqueza literaria: 10.5 obediencia», *Biblia Plenitud*, Editorial Caribe, Miami, FL, 1994, p. 1519.
2. *Biblia Plenitud*, Editorial Caribe, Miami, FL, 1994, en nota a Juan 5.4, p. 1349.

Lección 6: La sanidad divina y la cruz

1. «Riqueza literaria: 15.25 hará expiación», *Biblia Plenitud*, Editorial Caribe, Miami, FL, 1994, p. 188.
2. *Biblia Plenitud*, Editorial Caribe, Miami, FL, 1994, en nota a 1 Pedro 2.24-25, p. 1661.
3. «Dinámica del Reino: La sanidad mediante la expiación de Cristo», Editorial Caribe, Miami, FL, 1994, p. 878.
4. «Riqueza literaria: 2 salud», Editorial Caribe, Miami, FL, 1994, p. 1691.

Lección 8: La sanidad y el don espiritual

1. «Dinámica del Reino: Los dones que Cristo da», *Biblia Plenitud*, Editorial Caribe, Miami, FL, 1994, p. 1547.
2. «Riqueza literaria: 6.10 sabiduría», *Biblia Plenitud*, Editorial Caribe, Miami, FL, 1994, p. 1399.
3. «Dinámica del Reino: Los dones y el poder del Espíritu Santo», *Biblia Planitud*, Miami, FL, 1994, p. 1768.

Lección 9: Todo en el nombre de Jesús

1. «Riqueza literaria: 49.10 Siloh», *Biblia Plenitud*, Editorial Caribe, Miami, FL, 1994, p. 68.
2. «Dinámica del Reino: Los discípulos son instruidos para sanar», *Biblia Plenitud*, Editorial Caribe, Miami, FL, 1994, p. 1304-1305.

Lección 11: Sanidades en el libro de Hechos

1. «Riqueza literaria: 16.20 confirmando», *Biblia Plenitud*, Editorial Caribe, Miami, FL, 1994, p. 1277.
2. *Biblia Plenitud*, Editorial Caribe, Miami, FL, 1994, en nota a Marcos 16.9-20, p. 1276.
3. «Dinámica del Reino: El ministerio de sanidad de Pablo en Malta», *Biblia Plenitud*, Editorial Caribe, Miami, FL, 1994, p. 1440.

Lección 12: Un clima óptimo para la sanidad

1. «Dinámica del Reino: Cultivemos un clima de fe para la sanidad», *Biblia Plenitud*, Editorial Caribe, Miami, FL, 1994, p. 1262.
2. «Riqueza literaria: 2.1 unánimes juntos», *Biblia Plenitud*, Editorial Caribe, Miami, FL, 1994, p. 1388.
3. «Dinámica del Reino: Ser como niño», *Biblia Plenitud*, Editorial Caribe, Miami, FL, 1994, p. 1218.
4. «Dinámica del Reino: Efectividad en la guerra espiritual», *Biblia Plenitud*, Editorial Caribe, Miami, FL, 1994, p. 1652.

Notas

Notas

Notas

Notas

Notas

Notas

Notas